POLYGLOTT on tour

Italier

Die Autorin
Monika Pelz
geboren in Traunstein, studierte
in München, Florenz und Pisa
Geschichte, Politologie und italienische Linguistik. Seit vielen Jahren
lebt sie mit ihrer Familie in Pisa.
Sie schrieb auch die Reiseführer
Polyglott on tour »Toskana«,
»Florenz« und »Apulien/Kalabrien«.

POLYGLOTT **Top 12** .... Umschlag vorne

Reiseplanung

Die Reiseregion im Überblick 8
Die schönsten Touren 9
Die klassischen Highlights in drei Wochen 9
  Venedig > Ravenna > Florenz > Pisa > Siena >
  San Quirico d'Orcia (Val d'Orcia) > Assisi > Rom
  > Neapel > Pompeji > Amalfi (Amalfiküste) >
  Capri > Neapel
Mit dem Zug einmal quer durch Italien in
zweieinhalb Wochen 11
  Bari > Lecce > Taranto > Trani > Ascoli Piceno >
  Ancona > Perugia > Arezzo > Lucca > Riomaggi-
  ore (Cinque Terre) > Parma > Bologna > Verona
  > Desenzano/Sirmione (Gardasee) > Verona
Touren in den Regionen – Übersicht 13
Klima und Reisezeit 14
Anreise 15
Reisen im Land 15
Sport und Aktivitäten 16
  Special Kinder
  »Unterwegs mit Kindern« 17
Unterkunft 20

Land & Leute

Steckbrief Italien 24
  Zahlen & Fakten][Lage und Landschaft][
  Politik und Verwaltung][Wirtschaft][
  Bevölkerung und Sprache
Geschichte im Überblick 26
Natur und Umwelt 27
Kunst und Kultur 28
  Vorrömische Zeit][Die Römer][Romanik –
  Erwachendes Selbstbewusstsein][Gotik –
  Predigt für das Volk][Renaissance – Im Geist
  des Humanismus][Venedigs Sonderstellung
  ][Manierismus und Barock][19. und 20.
  Jahrhundert

Feste und Veranstaltungen	32
Essen und Trinken	33
Special Pasta »Nudeln machen glücklich«	36

Unterwegs in Italien

Norditalien ... 40

Schneebedeckte Berggipfel, berühmte Landschaften wie der Gardasee oder die weite, oft nebelverhangene Po-Ebene, daneben Kunststädte wie Venedig, der Schick der Metropole Mailand, die malerischen Cinque Terre und Strandfreuden an der Adria – Norditalien bedeutet Vielfalt in vielerlei Hinsicht.

Zur Orientierung	41
Touren in der Region	41
Unterwegs in Norditalien	48

Mailand][Bergamo][Pavia][Cremona][Parma][Bologna][Ferrara][Mantua][Verona][Gardasee][Trient][Bozen][Udine][Triest][Venedig][Padua][Vicenza][Aosta-Tal][Lago Maggiore][Turin][Genua und ligurische Küste

Mittelitalien ... 83

Weltberühmte Städte wie Florenz und Rom stehen für Mittelitaliens grandiose Dichte an Kunstschätzen, die Toskana für eine einzigartige Kulturlandschaft, felsige Buchten und Sandstrände am Tyrrhenischen Meer und an der Adria für Urlaubsträume, die wahr werden.

Zur Orientierung	84
Touren in der Region	84
Unterwegs in Mittelitalien	90

Florenz][Lucca][Pisa][Versilia][Costa degli Etruschi][Maremma][Siena][San Gimignano][Orcia-Tal][Arezzo][Ravenna][Rimini][Urbino][Ancona][Ascoli Piceno][Rom][Tarquinia][Orvieto][Perugia][Assisi

Süditalien 117

Kultur und Natur, antike Stätten und Statuen, traumhafte Meeresbuchten in einem Land, wo die Zitronen blühen – Süditalien hält alles bereit, und beschenkt den Reisenden darüber hinaus mit großer Gastfreundschaft und mediterraner Leichtigkeit.

Zur Orientierung 118
Touren in der Region 118
Unterwegs in Süditalien 122
  Neapel][Capri][Herkulaneum und Pompeji][Caserta][Benevent][Amalfiküste][Sorrent][Der Cilento][Tropea][Reggio di Calabria][Bari][Auf dem Gargano][Alberobello][Marina di Ostuni][Matera][Tarent][Im Salento
  `Special` **Nationalparks**
  »Auf den Spuren von Braunbär und Wolf« 132

Infos von A–Z 139

Register 141
Mini-Dolmetscher 144
Das System der Polyglott-Sterne .... Umschlag vorne

Die besten Badeplätze	**19**
Hotels mit Charme	**21**
Regionale Spezialitätenrestaurants	**34**
Die besten kulinarischen Souvenirs	**35**
Eindrucksvolle Panoramastrecken	**76**
Die schönsten Orte für Musikevents	**95**

Karten

Norditalien	**42**
Mailand	**49**
Venedig	**68**
Der Nordwesten	**74**
Die ligurische Küste	**80**
Mittelitalien	**86**
Florenz	**91**
Rom	**108**
Süditalien	**120**
Neapel	**124**
Übersichtskarte	**Umschlag hinten**

Reiseplanung

Die Reiseregion im Überblick][Die schönsten Touren][Klima und Reisezeit][Anreise][Reisen im Land][Sport und Aktivitäten][Unterkunft

Die Reiseregion im Überblick

Sonne, Strand und Meer, großartige Kunstschätze, kulinarische Genüsse, exzellente Weine, *dolce far niente* und überbordende Lebenslust, vielleicht auch ein bisschen *amore:* Italien, das Land zwischen Alpen und Mittelmeer, ist noch immer das Ziel vieler Urlaubsträume.

Schon in **Norditalien** werden Italien-Assoziationen wahr. Wer über die Alpen kommt, atmet die lauere Luft, genießt die wärmeren Sonnentage, die üppigere Vegetation, sitzt draußen beim Cappuccino oder Aperitivo, badet im Meer. Doch nicht nur Strand und Sand, schon immer zieht es Reisende auch ins Gebirge, in die weltberühmten Dolomiten, die ausgedehnten Naturparks der Alpen, in die Hügellandschaft des Veneto, der Langhe und des Montferrato, verführt das milde Klima am Lago Maggiore oder am Gardasee die Sonnenhungrigen. Vom Ski bis zum Surfbrett, vom Bike bis zum Wanderschuh – in Norditalien können Sie alles auspacken, und dazu gibt es immer gleich in der Nähe atemberaubende Kunstschätze – man denke nur an Venedig. Norditalien ist jedoch nicht aus einem Stück gegossen, es gilt vielmehr, die regionale Vielfalt zwischen Piemont und Friaul zu entdecken.

Zypressengesäumte Auffahrten zu einsam in der hügeligen Landschaft stehenden Bauernhäusern, gelbe Sonnenblumen- und intensiv grüne Getreidefelder, silbrig glänzende Olivenbäume, bunt im Herbstwind schwankende Weinblätter: **Mittelitalien** bietet diese fast schon zum Klischee stilisierte Schönheit im Landschaftsbild. Dazu kommen fest mit der Natur verwachsene Städtchen, die hinter ihren mittelalterlichen Stadtmauern grandiose Zeugnisse ihrer einstigen kommunalen Freiheit verbergen, romanische Kirchenbauten, gotische Fresken, mächtige Palazzi. Die Renaissance entstand in dieser Region Italiens, und nirgends auf der Welt gibt es eine derartige Dichte an Kunstwerken dieser Epoche wie in Florenz. Der Barock erlebte seinen Höhepunkt im päpstlichen Rom, das mit Meisterwerken aller Epochen der Geschichte aufwartet. Doch auch Siena oder Urbino, Assisi oder Orvieto, Pisa oder Ascoli Piceno können hier mithalten – alle großen Künstler Italiens, von Michelangelo bis Bernini, hinterließen in dieser Region ihre Werke. Und fast immer ist das Meer nicht weit, lässt sich ein Kultur- mit einem Badeurlaub ideal verbinden.

Neapel und der Vesuv, die Stauferburg Castel del Monte: Manche Orte **Süditaliens** sind in aller Munde, doch weite Teile der Region harren noch der Entdeckung. Während die Amalfiküste und die antiken Stätten wie Pompeji schon lange von Touristen aus aller Welt besucht werden, kennen meist nur Italiener die Pracht des königlichen Palastes in Caserta, die größte langobardische Kirche des Südens in Benevent

Die schönsten Touren

Karte Umschlag hinten

oder die bedeutendsten romanischen Kathedralen der Region in Bari und Trani, die barocke Verspieltheit der Fassaden in Lecce. Die einzigartige Höhlenwohnkultur Materas benötigte den Film die »Passion Christi« von Mel Gibson (2004) , um ihren Bekanntheitsgrad zu steigern. Der größten, spektakulären Karstgrotte Italiens in der faszinierenden Murge-Landschaft Apuliens fehlt ein solcher Werbeeffekt noch. Wer in Süditalien Ferien macht, der kann versteckte Kunstschätze, großartige Gebirgslandschaften und weite Sandstrände entdecken, aber auch authentische italienische Offenheit und Gastfreundschaft, überschwängliches Lebensgefühl, eine wohlschmeckende Küche, feurige Weine und mediterrane Leichtigkeit.

Die schönsten Touren

Die klassischen Highlights in drei Wochen

① Venedig › Ravenna › Florenz › Pisa › Siena › San Quirico d'Orcia (Val d'Orcia) › Assisi › Rom › Neapel › Pompeji › Amalfi (Amalfiküste) › Capri › Neapel

Distanzen:
Venedig › Ravenna 2 Std. 40 Min. (alle Strecken per Bahn, falls nicht anders angegeben); **Ravenna › Florenz** 2 Std. 20 Min.; **Florenz › Pisa** 1 Std. 4 Min.; **Pisa › Siena** 1 Std. 50 Min.; **Siena › San Quirico d'Orcia (Val d'Orcia)** 1 Std. (per Bus); **San Quirico d'Orcia › Assisi** 3 Std. (per Bus und Bahn); **Assisi › Rom** 2 Std. 15 Min.; **Rom › Neapel** 2 Std. 34 Min.; **Neapel › Pompeji** 26 Min. und zurück; **Neapel › Amalfi** 2 Std. 10 Min. (per Bahn und Schiff); **Amalfi › Capri** 1 Std. 15 Min. (per Schiff); **Capri › Neapel** ca. 1 Std. Angaben zur Bahn gelten für Regionalzüge; Eurostars verkürzen die Fahrzeit, kosten aber wesentlich mehr. Mit dem Auto sind es rund 1300 km.

Verkehrsmittel:
Natürlich können Sie die Tour mit dem eigenen Wagen unternehmen. Ansonsten mit Zug (www.ferroviedellostato.it), Bus (www.terresiena.it) und Schiff (www.metrodelmare.com). Für die Fahrt ins Orcia-Tal bietet sich ein Mietwagen an.

Die schönsten Touren

Markusplatz in Venedig

Mit der Stadt im Wasser, dem Lagunentraum ***Venedig › S. 66, beginnt die Tour. Eine Fahrt mit der Vaporetto-Linie 1 durch den ***Canal Grande zum ***Markusplatz mit dem prachtvollen **Dogenpalast und der ***Markusbasilika sind ebenso ein Muss, wie der Bummel durch die engen Gassen, über die Campi genannten Plätze, über Hunderte von Brücken vorbei an Murano-Glas-Läden, edlen Boutiquen und grandiosen **Kirchen. Nach drei Tagen fahren Sie weiter nach ***Ravenna › S. 102, wo Tausende zu farbenfrohen Bildern gelegte Steinchen in spätantiken ***Kirchenräumen überraschen. Am nächsten Tag begegnen Sie im Renaissance-Juwel ***Florenz › S. 90 allen großen Künstlern der Epoche: Michelangelo, Raffael, Leonardo da Vinci, Donatello, Brunelleschi, Botticelli bauten, malten, meißelten in der Arno-Stadt. Doch nehmen Sie sich nicht nur drei Tage Zeit für die Renaissance, sondern auch zum Shoppen in den edlen Boutiquen von Italiens Topdesignern oder den Botteghe der Kunsthandwerker im Oltrarno. Weißer Marmor auf grüner Wiese: So präsentiert sich der ***Platz der Wunder mit ***Dom, ***Baptisterium, *Camposanto und dem weltberühmten ***Schiefen Turm in **Pisa › S. 94. Ein Spaziergang durch das *Centro Storico dieser Studentenstadt mit netten Lokalen schließt sich an. Am nächsten Tag fasziniert der rötlich leuchtende Ziegelton der gotischen Palazzi in ***Siena › S. 97, wo man auf der ***Piazza del Campo sitzt, die *Torre del Mangia besteigt, die Fülle an Kunstschätzen im ***Dom bestaunt und durch die Einkaufsmeilen Via di Città und Via Banchi di Sopra bummelt.

Am folgenden Morgen wartet im ***Orcia-Tal › S. 100 die wunderschöne, von Menschenhand über Jahrhunderte geformte Parklandschaft mit reizenden *Städtchen und weiten *Ausblicken. Mystisch und trotz Touristenrummel andächtig gibt sich nach einer Übernachtung **Assisi › S. 116. Um alle **Fresken der ***Basilika des hl. Franziskus zu betrachten, müssen Sie mit Stunden rechnen. Erst am folgenden Tag geht es in die Hauptstadt des Landes, nach ***Rom › S. 106. Drei bis vier Tage sollten Sie hier bleiben, um auch nur einen Bruchteil der berühmten Monumente, das ***Kolosseum und den ***Pantheon, das ***Forum Romanum, die **Spanische Treppe, den **Trevi-Brunnen und natürlich den ***Petersdom zu sehen. Und vergessen Sie nicht Roms Modestraßen, allen voran die Via dei Condotti,

Die schönsten Touren

darüber hinaus Roms grandiose Plätze, etwa die ****Piazza Navona**, und das Nachtleben in Trastevere.

Nach der Größe Roms stürzen Sie sich in *****Neapel** › S. 122 mitten hinein ins italienische Leben: Laut und gestenreich ist die Stadt, in der sich wunderschöne *****Kunstsammlungen**, das Fischerviertel ***Borgo Marinaro**, der einzigartige ****Majolika-Garten** von ****Santa Chiara** und die berühmte Pizza zu einem liebenswürdigen Gesamtkunstwerk im Schatten des Vesuvs zusammenfügen. Von Neapel unternehmen Sie einen Ganztagesausflug in die Antike, flanieren an Geschäften und Tempeln vorbei, sehen in die Innenhöfe der Villen und in die Wohnblocks der Armen: In *****Pompeji** › S. 127 stellt sich eine ganze Stadt vor. Den folgenden Tag berauschen Sie sich an der Schönheit der *****Amalfiküste** › S. 128, und am letzten Tourtag fahren Sie mit dem Schiff nach ****Capri** › S. 126, um dort die Sonne im Meer versinken zu sehen. Mit der Fähre geht es abends zurück nach Neapel.

Mit dem Zug einmal quer durch Italien in zweieinhalb Wochen

—2— Bari › Lecce › Taranto › Trani › Ascoli Piceno › Ancona › Perugia › Arezzo › Lucca › Riomaggiore (Cinque Terre) › Parma › Bologna › Verona › Desenzano/Sirmione (Gardasee) › Verona

Distanzen:
Bari › Lecce 2 Std. 20 Min. (alle Strecken per Bahn); **Lecce › Taranto** 1 Std. 30 Min. **Taranto › Trani** 2 Std. 15 Min.; **Trani › Ascoli Piceno** 4–5 Std.; **Ascoli Piceno › Ancona** ca. 2 Std.; **Ancona › Perugia** 3 Std. 30 Min.; **Perugia › Arezzo** 1–1,5 Std.; **Arezzo › Lucca** 3 Std. 15 Min.; **Lucca › Riomaggiore** 1 Std. 30 Min.; **Riomaggiore › Parma** 2 Std. 15 Min.; **Parma › Bologna** 1 Std.; **Bologna › Verona** 1 Std. 40 Min.; **Verona › Desenzano/Sirmione** 30 Min. und zurück. Alle Angaben gelten für Regionalzüge; Eurostars verkürzen die Fahrzeit, kosten aber wesentlich mehr.

Verkehrsmittel:
Flug nach Bari › S. 134; dann per Zug zu allen anderen Orten (www.ferroviedellostato.it) auf landschaftlich wunderschönen Eisenbahnstrecken. Von Verona aus haben Sie Anschluss zu allen wichtigen internationalen Zugverbindungen: direkt nach München, über Mailand in die Schweiz und nach Westdeutschland, über Venezia Mestre nach Österreich. Flughafen Verona › S. 59.

Die schönsten Touren

Die achteckige Stauferburg Castel del Monte in der Provinz Bari

Die Tour führt von Apulien ins Veneto, von der Adria ans Tyrrhenische Meer bis hinauf zum Gardasee – zweimal geht es dabei über den Apennin. Natürlich können Sie weitere Zwischenhalte einlegen, etwa Bade- und Wandertage!

Startpunkt ist Apuliens Hauptstadt ****Bari** › S. 134 mit den schönsten romanischen **Kirchenbauten der Region in der so arabisch anmutenden **Altstadt. Am zweiten Tag verzaubern die verspielten **Fassaden und **Altäre des ganz im hellen Lecceser Stein gehaltenen barocken **Centro Storico in ****Lecce** › S. 138. Tags darauf gönnen Sie dem fein gearbeiteten **Goldschmuck im **Archäologischen Museum von ***Tarent** › S. 137 einen Blick, bevor Sie nach ****Trani** › S. 135 weiterreisen, wo die romanische **Kathedrale dirGarekt am Meer im Sonnenlicht glänzt.

Nach dem Frühstück fahren Sie direkt an der Küste hinauf in das Kleinod ****Ascoli Piceno** › S. 105. Gegen Mittag des Folgetages geht es weiter nach ***Ancona** › S. 104. *Gemäldegalerie und *Archäologisches Museum sowie den *Panoramablick vom *Dom San Ciriaco genießen Sie bis zum nächsten Vormittag. Das nächste Ziel ist ****Perugia** › S. 114. In den mittelalterlichen Gassen der Studentenstadt shoppen Sie ebenso wie am *Corso Vannucci – die feinen Renaissance-Gemälde der **Nationalgalerie heben Sie sich wie den **Palazzo dei Priori für den folgenden Tag auf. Am späten Nachmittag fährt Ihr Zug nach ****Arezzo** › S. 101. Hier übernachten Sie gleich zweimal, sodass genügend Zeit für

Touren in den Regionen

das **Centro Storico und vor allem für einen der vollkommensten **Freskenzyklus der Renaissance von Piero della Francesca bleibt. Am Morgen bringt Sie die Bahn nach **Lucca › S. 94. Flanieren Sie auf der *Stadtmauer, genießen Sie die Freundlichkeit der Luccheser beim Bummel in der **Altstadt und einen Aperitif auf der stimmungsvollen *Piazza Anfiteatro. Tags darauf erreichen Sie die ***Cinque Terre › S. 82. Um die malerischen fünf **Städtchen zu erwandern, sollten Sie hier zweimal schlafen.

Wieder zurück über den Apennin reisen Sie am folgenden Tag auf einer wunderschönen Bahnstrecke von der Hafenstadt **La Spezia** nach **Parma › S. 54, wo Sie tags darauf die Romanik an **Dom und **Baptisterium würdigen, und selbstverständlich können Sie sich mit dem milden Schinken eindecken. Noch am selben Tag bringt Sie der Zug in die alte Universitätsstadt **Bologna › S. 56. Schlendern Sie unter den Bogengängen zur **Piazza Maggiore, schauen Sie gratis in die kommunalen Museen und essen Sie unbedingt Pasta – hier schmeckt sie wirklich exzellent.

Den nächsten Tag verbringen Sie in der Stadt Julia und Romeos, in **Verona › S. 58, den Abend vielleicht bei einer Opernaufführung in der **Arena. Mit dem Zug erreichen Sie am vorletzten Tourtag den **Gardasee › S. 60, über den man bequem einen Tag schippern kann. Die Heimreise treten Sie von Verona aus an.

Touren in den Regionen

Touren	Region	Dauer	Seite
Über die Alpen in den Süden	Norditalien	7–8 Tage	41
Zwischen Alpen und Adria – Friaul und Venetien	Norditalien	10–12 Tage	44
Kunststädte in Oberitalien	Norditalien	9–10 Tage	45
Kultur und Natur im Nordwesten	Norditalien	10–12 Tage	47
Baden und Kunst an der Adria	Mittelitalien	8 Tage	84
Von Florenz nach Rom	Mittelitalien	14 Tage	85
Im grünen Herzen Italiens	Mittelitalien	8–9 Tage	87
Küstenträume an der Via Aurelia	Mittelitalien	8 Tage	88
Von Neapel bis zur Stiefelspitze	Süditalien	14 Tage	118
Zwischen Adria und Ionischem Meer	Süditalien	12–14 Tage	119

Klima und Reisezeit

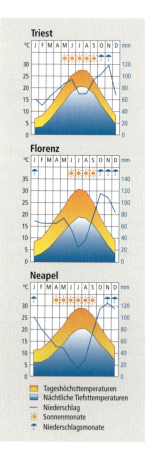

Die Badesaison ist in Italien von Juni bis September garantiert, im Süden sogar noch länger. Skiurlauber finden in den Alpen, aber auch im Apennin (Monti Sibillini zwischen Umbrien und den Marken, Gran Sasso in den Abruzzen, Sila in Kalabrien) schneesichere Ferienregionen. Im Winter bietet die Halbinsel aber auch wärmende Sonnentage, etwa in der Versilia oder auf der Halbinsel von Sorrent.

Für Wanderfreunde sind Frühjahr und Herbst die idealen Jahreszeiten. Wenn die Getreidefelder grün leuchten, die Mohnblumen Akzente setzen und der Ginster die Macchia in intensives Gelb taucht, spaziert man mit Genuss durch Italiens Landschaft. Im Herbst strahlen die farbenfrohen Laubwälder und die bunten Rebstöcke Urlaubsatmosphäre aus. Im Frühling und Herbst ist auch ein Kulturlaub nicht so anstrengend wie in den heißen Sommermonaten. Wer sich Gedränge und Warteschlangen in viel besuchten Kunststädten wie Florenz und Venedig ersparen möchte, sollte im Winter nach Italien reisen – auch wenn an den Küsten und v.a. im Süden dann viele Hotels und Restaurants geschlossen sind. Hochpreisig, übervoll und gleichsam im Ausnahmezustand präsentiert sich Italien, vor allem an der Küste, um den 15. August – dem nationalen Feiertag *ferragosto*, an dem alle im gesamten Land unterwegs zu sein scheinen.

Und sonst gilt: Selbstverständlich kann es im Hochgebirge im Mai noch schneien, während man sich in Amalfi oder im Solento schon in der Badehose sonnt.

Anreise

Mit dem Auto
Der nationale Führerschein genügt; Nationalitätskennzeichen am Auto sind Vorschrift. Die Mitnahme des Fahrzeugscheins ist Pflicht, die einer grünen Versicherungskarte empfiehlt sich. Anschluss an das gebührenpflichtige italienische Autobahnnetz von den Grenzübergängen Brenner, Tarvisio und Chiasso. Infos rund um die italienischen Autobahnen und zu den Gebühren unter www.autostrade.it (Engl.).

Mit der Bahn
Autoreisezüge fahren von Neu-Isenburg, Hamburg, Düsseldorf, Hildesheim nach Alessandria und von den drei letzteren nach Bozen (hierher auch von Berlin), von Berlin, Düsseldorf und Hamburg nach Verona und Triest (hierher auch von Neu-Isenburg; www.dbautozug.de), von Wien nach Florenz und Rom (www.oebb.at).

Detaillierte Auskünfte zu Zugverbindungen nach Italien von Deutschland aus unter http://reiseauskunft.bahn.de, von Österreich unter www.allegro.oebb.at und von der Schweiz unter http://mct.sbb.ch (Europareisen).

Mit dem Flugzeug
Von Deutschland, Österreich und der Schweiz aus werden in ganz Italien Großstädte täglich direkt angeflogen. Besonders Billigfluglinien steuern auch kleinere Flughäfen an (www.billigflugnet.de).

Reisen im Land

Mit dem Auto
Höchstgeschwindigkeit auf Landstraßen 90 km/h, auf Autobahnen und Schnellstraßen zwischen 90 und 130 km/h, bei Regen auf Autobahnen 110 km/h. Auf Landstraßen muss auch tagsüber mit Abblendlicht gefahren werden. Ohne Freisprechanlage gilt Handyverbot während des Fahrens.

!! Die Sicherheitsweste ist stets im Auto mitzuführen. Verkehrsverstöße werden mit drastischen Bußgeldern geahndet. In den Städten weisen Schilder auf die

Termine der Straßenreinigung hin; parkende Autos werden kompromisslos abgeschleppt.

Mit der Bahn
Die Bahn ist in Italien relativ preisgünstig, vor allem die Regionalzüge. Für Städtereisen sehr zu empfehlen. Fahrkarten müssen an den gelben Automaten vor der Hin- und Rückfahrt entwertet werden. Kinder von 4–12 Jahren zahlen in Italien die Hälfte.

Mit dem Flugzeug
Der Linienflugverkehr innerhalb Italiens ist äußerst dicht; viele Flüge gehen über Mailand und Rom.

Mit dem Bus
Überlandbusse verbinden die Regionen Italiens untereinander und verkehren auch innerhalb der Regionen. Städtische Busse sind in der Regel preisgünstig, in größeren Städten auch Nachtbusse (Fahrkarten an Zeitungskiosken und in Tabacchi-Läden). Kleinere Orte werden oftmals nicht sehr häufig angefahren. Im Sommer Shuttle-Busse zu den Stränden. Auskünfte bei den Touristeninformationen.

Mit dem Schiff
Auf allen Seen verkehren Linienschiffe, ebenso in der Lagune von Venedig, am Golf von La Spezia/Cinque Terre und am Golf von Neapel/Amalfiküste. Von den italienischen Häfen sonst nur Verbindungen nach Sizilien und Sardinien sowie ins Ausland. Im Sommer werden von fast allen Ferienorten aus Tagesausflüge angeboten.

Sport und Aktivitäten

Kulturferien lassen sich in Italien hervorragend mit aktivem Urlaub am Strand oder in den Bergen verbinden.

Baden und Wassersport
Die Wasserqualität an den Küsten der Adria und des Tyrrhenischen Meers ist im Allgemeinen ebenso gut wie die der meisten Binnenseen. Mit der begehrten **Blauen Flagge** *(Bandiera Blu)* wurden im Jahr 2009 weit über 200 italienische Strände ausgezeichnet. Den Rekord hält die Toskana vor Ligurien und der Emilia Romagna (www.blueflag.org oder www.feeitalia.org). Ganz anders verhält es sich mit Italiens Flüssen, hier muss von Badefreuden dringend abgeraten werden!

Special

Unterwegs mit Kindern

Italien ist ein kinderfreundliches Reiseland. Kleine Gäste sind in Hotels und Restaurants zumeist herzlich willkommen. Sonne, Sand und Meer tun ein Übriges, um den Nachwuchs bei Laune zu halten.

Vergnügungs- und Aquaparks

Der bekannteste Vergnügungspark Italiens mit 500 000 m² ist **Gardaland** (Gardasee), der größte **Mirabilandia** mit 850 000 m², beide mit Attraktionen für alle Altersklassen. Der berühmteste Aquapark des Landes, mit 3 km Rutschbahnen und vielem mehr, liegt in **Riccione**.

■ Gardaland
37014 Castelnuovo del Garda
Tel. 04 56 44 97 77
www.gardaland.it
Am Südostufer des Gardasees an der SS 249. Geöffnet Anf. April-Anf. Okt. tgl. 10–18, Okt., Dez.-Anf. Jan. Sa, So, Fei 10–18, Mitte Juni-Mitte Sept. 10–23 Uhr; Eintritt 35 €, Kinder ab 1 m bis 10 Jahre, Senioren ab 60 Jahre 29 €; ab 19 Uhr alle 15 € (Kombitickets mit Sealife, s.u.).

■ Mirabilandia
48015 Ravenna Mirabilandia
Tel. 05 44 56 11 11
www.mirabilandia.it
An der SS 16, gut 14 km südlich von Ravenna. Geöffnet Anf. April-Mitte Sept. tgl. 10–18, Mitte Sept.-Mitte Okt. Sa, So 10–18, Juli-Aug. 10–23 Uhr; Eintritt für 2 Tage: 29,90 €, Kinder bis 1,50 m und unter 12 Jahre, Senioren ab 60 Jahre 23,90 €; ab 20 Uhr 23 €.

■ Aquafan Riccione
Via Ascoli Piceno 6][46838 Riccione
Tel. 05 41 60 30 50
www.aquafan.it

Special][Kinder

Gleich an der Autostrada Adriatica A14/E55. Geöffnet Juni-Mitte Sept. tgl. 10–18.30 Uhr, Eintritt 24 €, von 6–11 Jahre 18 €, über 65 Jahre 21 €; jeweils der 2. Tag ist gratis; ab 15 Uhr 15 €.

Aquarien und Tierparks

Das größte **Aquarium** Europas nach Valencia in Spanien wartet in **Genua** (Infos › S. 80). Doch auch in **Cattolica** gibt es eine überaus sehenswerte Unterwasserwelt. Der als Biopark angelegte und in den letzten Jahren runderneuerte **Zoo** in der Parkanlage Villa Borghese in **Rom** zählt zu den bedeutendsten Europas – Abwechslung von zu viel Kultur für Kinder. Eine echte Safari mit Giraffen, Zebras und Löwen erleben Kinder im **Park Zoosafari** bei Brindisi in Apulien.

■ Acquario di Cattolica
Piazzale delle Nazioni 1/A
47841 Cattolica
Tel. 05 41 83 71
www.acquariodicattolica.it
Kasse: Anf. April–Mitte Juni, Sept. tgl., 26.12.–6.1., Mitte Okt.–März So, Fei 9.30–16.30 Uhr, Mitte Juni–Anf. Sept. 10–21.30 Uhr; Eintritt 17 €, Kinder ab 1 m bis 11 Jahre, Senioren über 65 Jahre 13 €.

■ Bioparco Roma
Piazzale del Giardino Zoologico 1
00197 Roma
Tel. 0 63 60 82 11
Sommerzeit 9.30–18 Uhr, sonst bis 17 Uhr; Anf. April–Ende Sept. bis 19 Uhr; Eintritt 10 €, Kinder ab 1 m und bis 12 Jahre, über 60-Jährige 8 €; Mi Senioren gratis.

■ Zoosafari
Via dello Zoosafari
72015 Fasano][Tel. 08 04 41 44 55
www.zoosafari.it
An der Adriaküste in Apulien. Geöffnet März nur So, April–Sept. Mo–Sa 9.30 bis 16. So ab 9 Uhr, Juli/Aug. Mo–Sa 9.30–17, So ab 9 Uhr; 1.–6. Dez. So, Fei, Jan./Feb. So 10–15 Uhr, Okt. Mi bis Mo 10–15.30, Nov. Sa, So 10–16 Uhr; Eintritt 18 €, Kinder bis 3 Jahre gratis.

Themenparks

Italia in miniatura zeigt alle Sehenswürdigkeiten Italiens, eben nur in mini. Pinocchio, der Holzpuppe mit der langen Nase, ist der Park in der Toskana gewidmet.

■ Italia in miniatura
Via Popilia 239
47922 Viserba di Rimini
Tel. 05 41 73 67 36
www.italiainminiatura.com
Etwas nördlich vom Zentrum Riminis an der SS 16. Geöffnet Jan., Feb., Sa, So, Fei, März, Nov.–Dez. tgl. 9.30 bis Sonnenuntergang, April–Juni, Sept. tgl. 9.30–19 Uhr, Juli, Aug. bis 23 Uhr, Okt. 9 bis Sonnenuntergang; Eintritt 19 €, Kinder ab 1 m und bis 11 Jahre, über 65-Jährige 14 €; im Winter (Extra-Attraktionen geschl.) 10 bzw. 7 €; 2. Tag jeweils gratis.

■ Parco di Pinocchio
Via San Gennaro 3
51014 Collodi-Pescia
Tel. 05 72 42 93 42
www.pinocchio.it
Tgl. ab 8.30 Uhr bis Sonnenuntergang; Eintritt 11 €, Kombiticket mit *Barockgarten Villa Garzoni und *Schmetterlingshaus 20 €; Kinder von 3–14 Jahren und über 65-Jährige 8 bzw. 16 €, Nov.–Febr. ermäßigter Eintritt.

Sport und Aktivitäten

Segel- und Surfschulen finden sich in den großen Badeorten an der Adria, am Tyrrhenischen Meer und den Binnenseen. Auskunft (auch zum Wind- und Kitesurfen, Tauchen) in den Tourist-Infos und Hotels.

Wandern

In den Alpen, im Apennin, aber auch in der Hügellandschaft Mittelitaliens existieren zum Teil vom CAI – Club Alpino Italiano (Italienischer Alpenverein) – gekennzeichnete Wege. Der Verein organisiert auch Exkursionen. Zu empfehlen sind die vom CAI herausgegebenen, in größeren Buchhandlungen vorrätigen Führer. Ein 6000 km langer Etappen-Wanderweg *(Sentiero Italia)* führt durch ganz Italien. Infos und Karten über Wanderwege in den einzelnen Regionen gibt es auch bei den jeweiligen Touristenauskünften. Siehe auch Special › S. 132.

CAI
Via Petrella 19][20124 Milano][Tel. 0 22 05 72 31][www.cai.it

Fahrradfahren

Der Radtourismus hat in den letzten Jahren stetig zugenommen, und damit auch speziell angelegte Fahrrad- und Radwanderwege. Auskünfte über Fahrradverleih, Touren und Karten erteilen die Tourist-Infos.

Golf

Einlochen kann man auf knapp 150 Plätzen mit mind. neun Löchern sowie auf weiteren knapp 50 Übungsplätzen, auch hoteleigenen.

Federazione Italiana Golf
Viale Tiziano 74][00196 Roma
Tel. 0 63 23 18 25][www.federgolf.it

Skifahren

Bekannte Skigebiete in den Alpen sind Cortina d'Ampezzo › S. 63, Madonna di Campiglio (Provinz Trento), Courmayeur (Aosta-Tal) und Sestrière (Provinz Turin). Ski fahren kann man aber auch im Apennin der Marken (Monti Sibillini), am Gran Sasso › S. 105 und Campo Imperatore in den Abruzzen sowie in der Sila in Kalabrien. Einen Überblick erhält man bei ENIT › S. 139.

Die besten Badeplätze

- Die Strände der Lagune von **Grado** sind schön feinsandig. › S. 65
- **Lerici**, am Golf von La Spezia, besitzt die meisten Blauen Flaggen Liguriens. › S. 82
- Kinderfreundlich sind die Strände im gepflegten **Caorle**. › S. 70
- **Ravenna** bietet nicht nur Kunst, sondern gleich sieben Strände mit Blauer Flagge. › S. 102
- Vor hohen Schirmpinien und grüner Macchia breitet sich der **Golf von Baratti** aus. › S. 97
- In den Buchten von **Sirolo** und **Numana** südlich von Ancona wartet feiner Sand. › S. 104
- In Apulien badet man herrlich an 17 km Strand von **Marina di Ostuni**. › S. 136

Sport und Aktivitäten

Italienisch lernen

Vor allem in Florenz und Siena bieten zahlreiche Sprachenschulen Kurse für Ausländer an. Auskünfte erteilen die ENIT-Büros (> S. 139) und die Fremdenverkehrsämter. **Billiger sind jedoch die Kurse der Universitäten:**

■ Centro di Cultura per Stranieri
Via Francesco Valori 9
50132 Florenz][**Tel. 05 55 03 27 03**
www.unifi.it/unifi/ccs

■ Università per Stranieri
Centro Linguistico][**Via Pispini 1 53100 Siena**][**Tel. 05 77 24 01 15**
www.unistrasi.it

■ Università di Pisa
Centro Linguistico Interdipartimentale][**Via Santa Maria 36**
56100 Pisa][**Tel. 05 02 21 55 89**][**www.cli.unipi.it**

■ Università per Stranieri
Piazza Fortebraccio 4][**06123 Perugia**][**Tel. 07 55 74 61**
www.unistrapg.it

■ Università degli Studi »Carlo Bo«
Via Saffi 2][**61029 Urbino**][**Tel. 07 22 30 52 50**][**www.uniurb.it/CorStran**

Kuren

Thermalkuren sind in Italien praktisch überall möglich, mit am bekanntesten ist wohl das Kurbad Abano Terme > S. 71. Über weitere Orte und einzelne Anwendungen informiert ENIT > S. 139.

Unterkunft

In Italien werden Urlaubsträume wahr – das nötige Kleingeld vorausgesetzt. Ein Apartment in einem herrlich gelegenen Landhaus oder eine nette Pension an der Küste kann man – je nach Saison – schon recht preiswert bekommen. Hotel- und Zimmerverzeichnisse gibt es bei den ENIT-Büros > S. 139 und den Fremdenverkehrsämtern.

Eine Adressdatenbank ist im Internet abrufbar unter www.enit.it/alberghi.asp?lang=DE

Unter dem Markendach **Logis d'Italia** werden Hotels zusammengefasst, die **viel Atmosphäre und familiären Service zu günstigen Preisen** bieten – und in den schönsten Regionen Italiens liegen.

Unterkunft

Logis d'Italia
Via Ariosto 27][20145 Milano][Tel. 02 48 51 92 85][www.logis.it

Agriturismo

Urlaub auf dem Bauernhof bietet preiswerte Familienferien, häufig mit Sportmöglichkeiten und lokaler Küche.
Associazione Nazionale per l'Agriturismo
Corso V. Emanuele 101][00186 Roma][Tel. 0 66 85 23 37][www.agriturist.it

Camping

Italien hat viele gut ausgestattete Campingplätze besonders an den Küsten sowie an Seen. Die meisten Plätze sind nur im Sommer geöffnet.
Confederazione Italiana Campeggiatori
Via Vittorio Emanuele 11
50041 Calenzano Firenze
Tel. 0 55 88 23 91
www.federcampeggio.it

Feriendörfer

Die *Villaggi turistici* an der Küste wie auch im Hinterland bieten oft Hotel, Bungalow, Ferienwohnung und Camping; daneben vielfältiges Sport- und Freizeitangebot.

Bike-Hotels

In immer mehr Regionen Italiens eröffnen speziell auf Radtouristen eingerichtete Hotels. Infos unter www.italybikehotels.it.

Jugendherbergen

Auf der offiziellen Seite der italienischen Jugendherbergen kann man auch online buchen.
Associazione Italiana Alberghi per la Gioventù
Via Cavour 44][00184 Roma
Tel. 0 64 87 11 52
www.aighostels.com

Hotels mit Charme

- In der **Locanda Leon Bianco**, der ältesten Herberge **Venedigs**, haben schon Kaiser genächtigt. › S. 69
- Das **Grand Hotel Fasano** bietet geballten **Gardasee**-Charme direkt am Westufer des Sees. › S. 60
- Insider wissen: Das **Castel Pergine**, etwa 12 km östlich von **Trient**, ist Italiens bestes Einsternehotel. › S. 61
- Der Mühlbach rauscht, Weidenzweige hängen ins Wasser: Zwischen Spello › S. 116 und Spoleto genießt man im **Vecchio Molino** den Charme einer zum stilvollen Hotel umgebauten alten Mühle. Geöffnet April–Okt. (Via del Tempio 34, Ortsteil Pissignano, 06042 Campello sul Clitunno, Tel. 07 43 52 11 22, www. vecchio-molino.it, ●●)
- Die **Locanda di Mirandolina** nicht weit von **Tarquinia** bietet fünf liebevoll im Landhausstil ausgestattete Zimmer und gepflegteste italienische Küche. › S. 112
- **Sorrents** besonderes Panoramahotel ist das große **Hotel Megamare** mit Pool, American Bar und vor allem einem herrlichen Blick aufs Meer. › S. 130

Land & Leute

Steckbrief][Geschichte im Überblick][
Natur und Umwelt][Kunst und Kultur][Feste
und Veranstaltungen][Essen und Trinken][

Steckbrief
Italien

Bevölkerungsdichte: 199 Einw./km²
Regionen: Aosta-Tal, Piemont, Lombardei, Trentino-Südtirol, Venetien, Friaul-Julisch Venetien, Emilia Romagna, Ligurien, Toskana, Umbrien, Marken, Latium, Abruzzen, Molise, Kampanien, Basilikata, Apulien, Kalabrien, Sizilien und Sardinien
Ländername: Repubblica Italiana (Republik Italien)
Hauptstadt: Rom (Roma)
Amtssprache: Italienisch
Fläche: insgesamt 301 336 km² (inkl. Vatikan 0,44 km², Republik San Marino 61 km²), davon 35 % Gebirge, 42 % Hügelland, 23 % Ebene
Küstenlänge: 7375 km
Höchster Berg: Monte Bianco (Mont Blanc; 4807 m)
Längster Fluss: Po (652 km)
Größter See: Gardasee (390 km²)
Bevölkerung: 60,04 Mio. Einw.
Größte Städte: Rom (2,72 Mio. Einw.); Mailand (1,30 Mio.); Neapel (964 000); Turin (909 000)
Landesvorwahl: 0039
Währung: Euro (€)
Zeitzone: MEZ

Lage und Landschaft

Wie ein Stiefel liegt Italien im Mittelmeer, zwischen 47°06' und 35°30' nördlicher Breite und 6°37' und 18°31' östlicher Länge. Die teilweise weit über 4000 m hohen Alpen und das sanftere Hügelland davor dominieren den Norden bis zur Po-Ebene. Im Süden dieser größten fruchtbaren Ebene Italiens, die der über 600 km lange Po durchfließt, zieht sich wie ein Rückgrat der Apennin durch die gesamte Halbinsel bis hinunter nach Kalabrien. Während in Mittelitalien jedoch eine hügelige, grüne Parklandschaft überwiegt, zeichnen den Süden isoliert stehende Vulkane, hohe, oft nah an die Küste reichende Bergrücken und karstige, spärlich bewachsene Erhebungen, die Murge genannt werden, aus.

Den Westen der Halbinsel umspült das Tyrrhenische Meer, den Osten und Süden säumen die Adria und das Ionische Meer.

Steckbrief

Politik und Verwaltung

»Italien ist eine demokratische, auf die Arbeit gegründete Republik« – so lautet Artikel 1 der 1948 in Kraft getretenen italienischen Verfassung. Das Parlament besteht aus der Abgeordnetenkammer und dem Senat. Die Abgeordneten werden seit der Wahlrechtsreform 2005 mit einem Verhältniswahlrecht gewählt, bei dem die siegreiche Partei/Koalition automatisch mind. 340 der 630 Sitze erhält, um ein stabiles Regieren zu ermöglichen. Der Senat wird auf regionaler Basis gewählt. Der Präsident der Republik hat ähnliche Aufgaben wie der deutsche Bundespräsident.

Italien gliedert sich in 20 Regionen und 110 Provinzen. Die Stellung der Regionen ist nicht mit den Ländern Deutschlands vergleichbar. Ihre legislative Macht und ihre Kompetenzen im Gesundheits- bzw. Bildungswesen wurden jedoch bereits auf Betreiben der *Lega Nord*, die einen föderalen Staatsaufbau mit weitgehenden Finanzkompetenzen bei den einzelnen Regionen anstrebt, erweitert.

Wirtschaft

Italien zählt heute zu den führenden Wirtschaftsmächten der Welt, ist Gründungsmitglied der EG und Mitglied im Kreis der G8-Länder. Wie auch in anderen Industriestaaten liegt der Dienstleistungssektor mit 65 % an der Spitze vor Industrie (30,7 %) und Landwirtschaft (4,1 %). Innerhalb des Landes bestehen jedoch große Unterschiede. Im Süden, im sog. Mezzogiorno, leben mehr Arbeitslose, mehr arme Familien, existieren nur wenige Industrie-Ansiedlungen, die zudem häufig von der organisierten Kriminalität (Mafia, Ndrangheta, Camorra, Sacra Corona Unita) bedrängt und unterwandert werden. Die *questione meridionale,* das Mezzogiorno-Problem, bildet seit Italiens Einigung 1860 bis heute den Prüfstein für jede Regierung in Rom und schreit nach wie vor nach einer Lösung.

Die Folgen der Finanz- und Wirtschaftskrise sind in Italien weniger im Bereich Finanzen – hier gab es keine der Hypo Real Estate vergleichbare Bankenkrise – als in anderen Wirtschaftssparten spürbar. 2009 ging das Bruttoinlandsprodukt in Italien um 5,1 % zurück, und 2010 wird mit nur 0,2 % Wachstum gerechnet.

Bevölkerung und Sprache

Die meisten wissen, dass im 60 Mio. Einwohner zählenden, überwiegend katholischen Italien auch eine deutschsprachige Minderheit lebt, knapp 300 000 Menschen in Südtirol. Schon weniger bekannt ist, dass es im Land auch eine Französisch (Aosta-Tal) und eine Slowenisch (Friaul-Julisch Venetien) sprechende Minorität gibt. Ladiner in Norditalien, Griechen in einigen Dörfern Apuliens und Kalabriens sowie eine größere Gruppe Albaner in Kalabrien und der Basilikata gehören zu den kleineren Minderheiten Italiens.

Geschichte im Überblick

Um 500 v. Chr. Blütezeit des Etruskerreiches in Mittel- und der griechischen Kolonien in Süditalien. Kelten herrschen in Norditalien.

3./2. Jh. v. Chr. Römische Eroberung der Halbinsel.

1. Jh. v. Chr.–5. Jh. n. Chr. Römisches Weltreich.

476 Zerfall Westroms.

568 Langobarden erobern Norditalien und die Toskana sowie Teile Umbriens und Kampaniens; der Rest Mittel- und Süditaliens bleibt Ostrom (Byzanz) untertan.

751 Langobarden erobern die byzantinischen Gebiete Mittelitaliens.

774 Karl der Große erobert das Langobardenreich.

11./12. Jh. Wirtschaftlicher Aufschwung; die Städte profitieren von der Rivalität Papsttum/Kaisertum und bilden autonome Kommunen. Normannische Kreuzfahrer erobern die langobardischen und byzantinischen Territorien Süditaliens; 1130 gründet Roger II. das süditalienische Königreich.

13./14. Jh. Die Städte Nord- und Mittelitaliens unterwerfen ihr Umland. Heftige Kämpfe innerhalb der einzelnen Städte und rivalisierender Kommunen um die Macht.

1454 Die Lega Italica sanktioniert ein Kräftegleichgewicht zwischen den fünf großen Staaten (Herzogtum Mailand, Republik Venedig, Republik Florenz, Kirchenstaat, Königreich Neapel) und zahllosen Grafschaften und Signorien.

1494–1559 Italien wird zum Spielball Frankreichs und Spaniens; der Kirchenstaat, Florenz und Venedig bleiben selbstständig, das Königreich Neapel und das Herzogtum Mailand fallen an Spanien. Der Aufstieg der Savoyer beginnt.

1713 Spanischer Erbfolgekrieg: Savoyen erhält Sizilien und die Königskrone, die Habsburger die Lombardei und 1738 die Toskana.

1720 Die Savoyer tauschen Sizilien gegen Sardinien.

1796–1814 Napoleonisches Intermezzo in Italien, das die revolutionären Ideen kennenlernt.

1797 Ende der Republik Venedig, ihre Gebiete fallen an Österreich.

1860 Italienische Einigung unter dem Savoyer Viktor Emanuel II. mit Hilfe Cavours und Garibaldis.

1866 Westfriaul und Venetien kommen zu Italien.

1870 Truppen Viktor Emanuels II. erobern Rom und den Kirchenstaat.

1918 Trentino und Südtirol sowie Triest werden italienisch.

1922 Machtübernahme der Faschisten unter Mussolini.

1943 Absetzung Mussolinis, deutsche Besetzung Italiens.

1946 Italien wird Republik.

Natur und Umwelt

2000 Im Heiligen Jahr besuchen 25 Mio. Pilger die mit 700 öffentlichen Bauprojekten sanierte Stadt Rom.
2001 Wahlsieg der rechtskonservativen Koalition aus der Forza-Italia-Partei Berlusconis, der Allianza Nazionale und der Lega Nord.
2006 Die Forza Italia, Allianza Nazionale und die Lega Nord verlieren die Parlamentswahlen.
2008 Nach dem Scheitern der Mitte-Links-Koalition und dem Rücktritt von Romano Prodi gewinnt Berlusconi im April erneut die Parlamentswahlen.
2009 Schweres Erdbeben am 6. April in der Region Abruzzen mit über 300 Toten und verheerenden Zerstörungen in der Regionalhauptstadt L'Aquila.

Porträt des Florentiner Renaissance-Mäzens Lorenzo de'Medici

Natur und Umwelt

31 742 km², also 10,5 % des italienischen Territoriums, stehen unter Naturschutz. Die höchsten Raten verzeichnen die Regionen Abruzzen (28,2 %), Kampanien (24,1 %) und Südtirol (20,8 %). Zahlreiche Nationalparks sind mittlerweile auch touristisch gut erschlossen (› S. 132).

Dass Mailand jedoch keine funktionierende Kläranlage besitzt, dass im Süden jeder baut, wo und was er gerade will, und damit ganze Küstenstriche völlig zubetoniert werden, dass die gesetzlich zulässigen Schadstoff- und Ozonmengen in vielen Städten des Landes regelmäßig überschritten werden, dass viele Flüsse im Sommer zu übel riechenden Kloaken verkommen, dass nicht nur Neapel unter einem scheinbar unüberwindlichen Müllproblem leidet – all das zeigt klar: Italien hat Umweltprobleme.

Nur dort, wo wirtschaftliche Interessen bedroht sind oder sich einzelne Initiativen entwickeln, wächst das Umweltbewusstsein. Als der Gardasee vor Jahren umzukippen drohte und infolgedessen die Touristen ausblieben, reagierten die Anliegergemeinden schnell und bauten Kläranlagen. Dieses Beispiel zeigt auch, dass in den meisten Urlaubsorten – nicht zuletzt aus wirtschaftlichen Gründen – auf die Wasser- und Umweltqualität Wert gelegt wird (siehe auch Blaue Flagge › S. 16).

Kunst und Kultur

Vorrömische Zeit

Eine Vielzahl von Völkern lebte auf Italiens Boden und stand in regem Handelskontakt, wie die Etrusker Mittelitaliens mit den griechischen Kolonisten Süditaliens und den Kelten im Norden. Aus Nekropolen (Totenstädten) kennen wir ihre Keramik, Waffen, Alltagsgegenstände und Schmuck. Prächtige Graburnen (Orvieto, Chiusi) und Wandmalereien (Tarquinia) kennzeichnen die Grablegen der Etrusker; in Süditalien (Paestum) hinterließen die Griechen Tempel und Stadtanlagen.

Die Römer

Mit gepflasterten Straßen, feierlichen Triumphbögen, glanzvollen Theatern und Amphitheatern überzogen die Römer das Land. Auf einmalige Art konserviert blieben die Städte Pompeji und Herkulaneum. Nirgends freilich kommt man der Größe des römischen Imperiums näher als in Rom selbst. Die fein gemeißelten Kapitelle und Säulen aus der Antike finden sich aber auch in mittelalterlichen Kirchen, die zudem häufig dem architektonischen Vorbild der Basilika, des römischen Gerichtsgebäudes, folgten. Spätantike Mosaiken wie in Aquileia, Ravenna und Rom wirkten auf die Mosaikkunst des Mittelalters weiter.

Romanik – Erwachendes Selbstbewusstsein

Fantasievolle Fabelwesen und Ungeheuer bevölkern Reliefs und Kapitelle in den dunklen, häufig dreischiffigen Kirchen. Die aufstrebenden Städte Nord- und Mittelitaliens wollten ihr neues Selbstbewusstsein auch in symbolträchtigen Bauten darstellen. Die Kathedralen von Pisa, Lucca, Modena, Cremona sowie Dom und Baptisterium in Parma, San Michele in Pavia und San Zeno in Verona zählen zu den schönsten romanischen Bauten Italiens. Auch in Apulien, wo die Städte nach kommunaler Selbstständigkeit trachteten, entwickelte sich eine grandiose romanische Baukunst, die in Bari in der Basilika San Nicola sowie den Kathedralen von Bari und Trani gipfelt. In der Zivilarchitektur entstanden erste Kommunalpaläste; Wohn- und Geschlechtertürme – die bekanntesten in San Gimignano sowie Torre Garisenda und Torre degli Asinelli in Bologna – ragen bis heute in den Himmel. Geschlossene mittelalterliche Straßenzüge prägen Städte wie Gubbio oder Viterbo.

Gotik – Predigt für das Volk

Die Gotik kam mit den Zisterziensern. Die neuen Orden des 13. Jhs., die Franziskaner, Dominikaner und Augustiner, übernahmen die breiten Schiffe, die offenen Dachstühle, die aneinander gereihten Querhauskapellen. Ein neues Ideal, die Predigt für das Volk, stand hinter den weiten Saalkirchen. An den Wänden erzählten die Fresken die Bibel für das Volk, in San Francesco in Assisi erstmals die Lebensgeschichte des Ordensgründers. Die Malerei trat nunmehr in den Vordergrund, und viele Kirchen wurden komplett ausgemalt. Statt statischer byzantinischer Figuren zeigten die Fresken des Florentiners Giotto (1266–1337) in Florenz, Assisi und Padua eine neue Geistigkeit, körperbewusste Menschen in realitätsnaher Architektur und Landschaft. Giovanni Pisano (um 1245–1318) suchte in seinen Skulpturen eine neue Wirklichkeitsnähe.

Renaissance – Im Geist des Humanismus

Eine Rückbesinnung auf das Schönheitsideal der Antike, getragen vom neuen Geist des Humanismus, führte zur Darstellung individueller Menschen in natürlicher Landschaft oder zeitgenössischer Architektur. Nicht mehr städtische Institutionen, sondern die reichen Patrizier von Florenz und einzelne Adelsfamilien (Montefeltro, Este, Gonzaga) förderten nun die Künste. Harmonische Räume schuf der Florentiner Brunelleschi (1377–1446) in seiner Heimatstadt, klassisch schöne Fassaden der Genuese Leon Battista Alberti (1404–1472) in Florenz, Rimini und Mantua.

Die Übernahme der von Brunelleschi entdeckten Zentralperspektive in die Malerei bedeutete eine echte Revolution, weg von den flächigen gotischen Bildern zur neuen Tiefe eines Masaccio (1401–1428), etwa in Santa Maria del Carmine (Florenz). Eine ähnliche Revolution verursachte der Florentiner Donatello (1386–1466) in der Bildhauerei mit dem freistehenden Akt (David, Bargello, Florenz) und dem ersten Reiterstandbild seit der Antike (Padua). Andrea Mantegna (1431–1506) aus der Nähe von Padua schuf im Herzogspalast von Mantua die erste Illusionsmalerei; Piero della Francesca (1415/20–1492) aus Sansepolcro legte in einem der vollkommensten Freskenzyklen der Renaissance (San Francesco, Arezzo) geometrische Berechnungen zugrunde.

Mit dem Allroundgenie Leonardo da Vinci (1452–1519), dem mit seinen bewegten Figuren den Manierismus einleitenden Michelangelo Buonarroti (1475–1564) und dem Maler zarter Madonnen, Raffael Sanzio (1483–1520), erreichte die Renaissance ihren Höhepunkt und gleichzeitig ihr Ende.

Venedigs Sonderstellung

Die Lagunenstadt bezog ihre Anregungen lange Zeit aus Byzanz, wie die herrlichen Mosaiken und die Kuppeln der Markusbasilika bezeugen. Sie war sich ihrer Schönheit bewusst; die dekorativen gotischen Fenster des Dogenpalasts nahmen die Privatpaläste am Canal Grande zum Vorbild. Auch in der Malerei wirkte die byzantinische Ikonenma-

Kunst und Kultur

Berühmte Italiener

Un popolo di santi, poeti e navigatori – als Volk der Heiligen, Dichter und Seefahrer bezeichnen sich die Italiener, nicht zu Unrecht. Mit Benedikt von Nursia (um 480–ca. 560)und Franziskus von Assisi (1181–1226) sind nur zwei der bedeutendsten Heiligen genannt. Bei den Dichtern kann man bis zu Ovid, Horaz oder Vergil zurückgehen. Der Florentiner Dante Alighieri (1265–1321), der aus Certaldo stammende Giovanni Boccaccio (1313–1375) und der in Arezzo geborene Francesco Petrarca (1304–1374) schrieben im toskanischen Dialekt ihrer Zeit und machten so das Florentiner Italienisch zum Standard.

Weniger bekannt sind die Nobelpreisträger für Literatur: der in Pietrasanta geborene Lyriker Giosuè Carducci (1835–1907), die aus Sardinien stammende Romanautorin Grazia Deledda (1871–1936), der sizilianische Erzähler und Dramaturg Luigi Pirandello (1867–1936), sein Landsmann, der Dichter Salvatore Quasimodo (1901–1968), und der genuesische Lyriker Eugenio Montale (1896–1981). 1997 erhielt der Dramatiker Dario Fo (geb. 1926) den Nobelpreis.

Den größten Seefahrer des Landes, Cristoforo Colombo (1451–1506) aus Genua, kennt die ganze Welt.

Den Beginn der modernen Naturwissenschaften verdanken wir Galileo Galilei (1564–1642) aus Pisa. Der Vater der Kunstgeschichtsschreibung, Giorgio Vasari (1511–1574), wurde in Arezzo geboren; der Vater der Politikwissenschaft, Niccolò Machiavelli (1469–1572), stammte aus Florenz.

Die Melodien des Venezianers Antonio Vivaldi (1678–1741), des in Pesaro geborenen Gioacchino Rossini (1792–1868), die Opern eines Giuseppe Verdi (1813–1901), der zwischen Parma und Cremona das Licht der Welt erblickte, und eines Giacomo Puccini (1858–1924) aus Lucca erlangten Weltruhm. Neben großen Regisseuren wie Sergio Leone, Federico Fellini (› oben), Luchino Visconti, Michelangelo Antonioni oder Bernardo Bertolucci schenkte Italien dem Film unvergessliche Schauspieler wie Marcello Mastroianni, Sofia Loren oder Gina Lollobrigida.

Und was wären die Schönen dieser Welt ohne die weltbekannten *stilisti* Valentino, Dolce e Gabbana, Versace, Armani oder Gucci?

lerei indirekt weiter, etwa in den durchgeistigten, sehr filigranen Madonnen Giovanni Bellinis. Das Licht der Lagune beeinflusste die Farbsuche Tizians. Die venezianische Erzähltradition fand sich in den Bildern Tintorettos (1518–1594) wieder, die von religiösen Visionen geprägt sind. Der Meister des Rokoko, Giovanni Battista Tiepolo (1696 bis 1770), bannte die Festlichkeiten Venedigs vor dem Niedergang der Stadt auf die Leinwand.

Manierismus und Barock

In Florenz führten die Anregungen Michelangelos in der Medici-Kapelle zum Florentiner Manierismus, mit verdrehten, kraftvollen Körpern in bewegten Szenerien. Der Raffael-Schüler Giulio Romano (1499–1546) schuf ähnlich bevölkerte Bildszenen im Palazzo Tè in Mantua, dem ersten von ihm entworfenen Gartenschloss.

Einen Höhepunkt erreichte die Barockmalerei in den realitätsversessenen Bildern des Michelangelo Merisi (1573–1610), der sich nach seinem Heimatort Caravaggio nannte.

Nach Florenz wurde Rom das Kunstzentrum Italiens. Päpste, Kardinäle und neue Orden bauten in der antiken Stadt Kirchen und Paläste, machten Rom zur führenden Barockstadt Europas.

Mit dem Palazzo Farnese und dem Petersdom avancierte Michelangelo zum Vater des römischen Frühbarock. Kennzeichnend wurden die Anreicherung der Motive zur Mitte hin, die Verdoppelung der Flachpilaster sowie die Betonung der Mittelachse; Halbsäulen, Giebel, Figurennischen und Voluten dominierten; festlich und bewegt sollten die Bauformen erscheinen.

Gian Lorenzo Bernini (1598–1680) gelang mit den freistehenden Kolonnaden des Petersplatzes in Rom die barocke Revolution.

Für Juwelen der barocken Architektur sorgten auch die Savoyer in ihrer neuen Residenzstadt Turin sowie der Bourbonenkönig Karl III. in Neapel und mit dem 1751 begonnenen Palazzo Reale in Caserta. In verspieltem Barock präsentiert sich bis heute Lecce.

19. und 20. Jahrhundert

Kühle Erhabenheit kennzeichnen das Werk des Bildhauers Antonio Canova um 1800. Über den bedeutendsten Impressionisten Italiens, Giuseppe De Nittis (1846–1884) aus Barletta, führt der Weg zu den Macchiaioli, einer Florentiner Malergruppe um Telemaco Signorini (1835–1901).

Giorgio De Chirico (1888–1978), Renato Guttuso (1912–1987), Giorgio Morandi (1890–1964) sowie Alberto Burri (1915–1995) zählen zu den berühmtesten Malern des 20. Jhs. Die Arbeiten der Architekten Carlo Scarpa (1906–1978), Renzo Piano (geb. 1937) und Aldo Rossi (1931–1997) genießen internationales Ansehen.

Feste und Veranstaltungen

In fast jeder größeren Stadt findet einmal pro Monat ein **Antiquitätenmarkt** statt, der größte in Arezzo › S. 101, und jede Stadt feiert ihren Patron ausgelassen beim **Patronatsfest.** An diesen Festtagen bleiben die Geschäfte geschlossen. In fast allen italienischen Städten veranstaltet die Gemeinde ein reichhaltiges **Sommerprogramm.** Auskunft über alle Veranstaltungen erteilen die jeweiligen Touristenbüros.

Festkalender

Februar: Karneval (*Carnevale*) wird besonders in Venedig und Viareggio gefeiert.
Mai: Corsa dei Ceri (15. Mai) in Gubbio – drei riesige *ceri* (Holzkonstruktionen) werden zu Ehren des Stadtpatrons Sant' Ubaldo im Lauf den Berg hinauf zu seiner Basilika getragen; **Palio di San Giorgio** (letzter Sonntag des Monats) in Ferrara – Wettkampf der acht Stadtviertel, der seit dem 13. Jh. ausgetragen wird; acht Tage vorher (Samstag) farbenprächtiger historischer Umzug.

Juni: Fronleichnam (*Corpus domini*): In fast jeder umbrischen Stadt finden aufwendige Prozessionen statt, die Straßen werden mit *infiorate* (Blütenteppichen) geschmückt – häufig erst am Sonntag nach Fronleichnam; **Festa del Naviglio** (1. Sonntag) in Mailand – Wasserspiele und Folklore auf den Mailänder Kanälen und lombardische Spezialitäten; **Giostra del Saracino** (vorletzter Junisamstag nachts und 1. Septembersonntag) in Arezzo – historisches Ritterspiel auf der Piazza Grande;

Ein Großereignis in Venedig: die Regata Storica

Gioco del Ponte (letzter Junisonntag) in Pisa – farbenprächtiger Umzug mit über 700 Teilnehmern und traditionellem Kampf um die Brücke;
Giugno Pisano: Höhepunkt des Pisaner Juni.
Juli: Palio delle Contrade (2. Juli und 16. Aug.) in Siena – berühmtes und traditionsreiches Pferderennen auf der Piazza del Campo;
Giostra dell'Orso (25. Juli) in Pistoia – Ritterturnier nach einem farbenprächtigen Umzug, zugleich auch der Höhepunkt des Pistoieser Juli, des **Luglio Pistoiese.**
August: Giostra della Quintana (1. Sonntag; auch 2. Samstag im Juli) in Ascoli Piceno – seit 1377 prachtvolles Ritterturnier auf der Piazza dell'Arengo.
September: Douja d'Or in Asti – zehntägiges Weinfest mit Festival delle Sagre Astigiane (2. Sonntag im Monat) zum Beginn der Weinlese; **Palio d'Asti** (3. Sonntag im Monat) – Pferderennen nach Umzug in mittelalterlichen Gewändern. **Regata Storica** (1. Sonntag im Monat) auf dem Canal Grande in Venedig – Bootsrennen mit prächtigen historischen Booten;
Festa di Piedigrotta (Anfang Sept.) in Neapel – Schlagerfestival mit Jahrmarkt und dem **schönsten Feuerwerk Italiens.**

Essen und Trinken

Die italienische Küche hat mit duftenden Kräutern, exzellentem Olivenöl, den Käsesorten Mozzarella und Parmesan längst auch mitteleuropäische Kochtöpfe erobert. Und doch schmeckt im Urlaub, an Ort und Stelle, vieles besser, und so manche Nudel- und Gemüsevariante erzählt von den regionaltypischen Unterschieden in Italiens Küche.

Antipasto
Man beginnt mit einer typischen Vorspeise *(antipasto):* Salami und Schinken *(prosciutto),* Oliven und in Öl Eingelegtes *(sott'olio),* geröstetes Weißbrot mit Tomaten, Pilzen oder Hühnerlebersauce

Im Ristorante
In Italien ist zu beachten, dass Nudelgerichte *(primo piatto)* oft nicht ohne Hauptgericht *(secondo piatto)* bestellt werden können. In besseren Restaurants gibt es meist komplette Menüs. Auch die Sitte, dass Rechnungen nur tischweise, nicht einzeln gestellt werden, ist für deutsche Urlauber eher ungewohnt. Die Speisekarte weist meist zusätzlich einen Betrag für Brot und Gedeck *(pane e coperto,* pro Person 1–3 €) und/oder Bedienung *(servizio)* aus. Trinkgeld gibt man je nach Qualität des Service.

Essen und Trinken

Antipasti – italienische Vorspeisen

Echt gut! Regionale Spezialitätenrestaurants

- Nur zwei Primi und zwei Secondi gibt es bei **Alberto,** aber immer authentisch venezianisch. ❯ S. 69
- Baccalà (Stockfisch) alla vicentina mit Polenta zählt zu den Spezialitäten der **Antica Osteria Al Bersagliere** in Vicenza. ❯ S. 72
- Die Schinken hängen von der Decke, die Getreidesuppen und die Bistecca alla Fiorentina sind herzhaft im **Latini** in Florenz. ❯ S. 93
- Im ersten Stock mit Blick auf die wunderschöne Piazza del Popolo speist man im **Tornasacco** in Ascoli Piceno. ❯ S. 105
- Die klassische Pizza Margherita schmeckt im **Lombardi a Santa Chiara** in Neapel einfach himmlisch. ❯ S. 126
- Im **Ristorante Veste** in der Altstadt von Vieste findet man die gemüsereiche apulische Küche und herrliche Weine der Region. ❯ S. 136

(crostini). Am Meer darf es auch eine Vorspeise mit Meeresfrüchten *(antipasto di mare)* sein.

Primo piatto

Als erster Gang *(primo piatto)* schließt sich ein Nudelgericht *(pasta)* oder ein Reisgericht *(risotto)* an. Die Dialektnamen der Nudeln und ihr Aussehen variieren von Region zu Region. Natürlich finden sich auch *spaghetti* und *penne*, häufig scharf mit Peperoncino *(all'arrabbiata)*, *maccheroni* mit Fleischsauce *(ragù)*, *tortellini* gefüllt mit Ricottakäse und Spinat *(con ricotta e spinaci)*, mit Schinken oder Kürbis *(zucca)*, zubereitet mit einer Tomatensauce *(sugo al pomodoro)*, sowie Lasagne auf den Speisekarten. *Risibisi* bevorzugt man im Veneto, während gelber Reis mit Safran *(risotto giallo)* in Mailand zu Hause ist. Schwarzer Reis mit Sepiatinte *(risotto nero)*, mit Meeresfrüchten *(risotto marinara)* und Spaghetti mit Venusmuscheln *(spaghetti vongole)* genießt man an Italiens Küsten. In Mittelitalien serviert man häufig auch Gemüsesuppe *(ribollita, minestrone)*, Getreidesuppe *(farro)* oder eine Nudel-Bohnen- bzw. Nudel-Kichererbsen-Variante *(pasta e fagioli, pasta e ceci)*.

Secondo piatto

Auf diese Köstlichkeiten folgt das Hauptgericht *(secondo piatto)*. Fisch spielt an den Küsten die Hauptrolle, ob gegrillt *(alla griglia, sulla piastra)* oder aus dem Ofen *(al forno)*. Fritture bestehen

Essen und Trinken

meist aus kleineren einheimischen Fischen *(sarde, sardine)*, Garnelen *(gamberi)* und Tintenfischen *(seppie, calamari)*. *Brodetto* heißt die köstliche Fischsuppe an der Adria, *cacciucco* in Livorno. In Norditalien wird zart gekochtes Fleisch *(bollito)* mit grüner Soße *(salsa verde)* serviert, außerdem mit Tomaten und Kräutern geschmorte Kalbshaxe *(osso buco)* und die *cotoletta milanese* (unser Wiener Schnitzel). Ein kräftiges Stück Rindfleisch, innen noch blutig *(bistecca alla fiorentina)*, lieben die Toskaner, deftige Würste *(salsicce)* die Umbrier, Wild *(cacciagione)* meist als Eintopf *(in umido)* alle Mittelitaliener. In Rom genießt man Lamm *(agnello)*, noch weiter südlich auch Zicklein *(capretto)*.

Je südlicher im Land, desto mehr Beilagen *(contorni)* wird man antreffen, die man in Italien extra bestellt. Während im Norden Pommes frites *(patate fritte)*, Maisbrei *(polenta)*, Salat *(insalata)* und gekochtes Gemüse *(verdura cotta)* allgegenwärtig sind, wartet der Süden mit Artischocken *(carciofi)*, Auberginen *(melanzane)*, Zucchini *(zucchini)* und Paprikaschoten *(peperoni)* auf.

Nach dem Hauptgang

Zum Abschluss nimmt man Obst *(frutta)* oder eine Süßspeise *(dolce)*. Die Verlockungen sind regional unterschiedlich, enttäuscht wird man aber nie. In ganz Italien kommt *tiramisù* auf den Tisch, aber auch gekochte Sahne mit Obstsaucen *(panna cotta)*, ein Kuchenstück *(torta)*, Obstsalat *(macedonia)* oder ein Eis *(gelato)*.

Um all die Köstlichkeiten auch richtig zu verdauen, gönnen sich Italiener einen Espresso *(caffè)*, einen Magenbitter *(amaro)* oder einen *Grappa* (Tresterschnaps). Beliebt sind auch Zitronenlikör *(limoncello)* oder *Vin Santo* (toskanischer Dessertwein).

Getränke

Meist bestellt man zum Essen Mineralwasser *(acqua minerale)* mit oder ohne Kohlensäure *(con* oder *senza gas)* und dazu (den lokalen) Wein. Bier *(birra)* trinken Italiener zur Pizza.

Die besten kulinarischen Souvenirs

- Den würzigen **Speck Südtirols** erwerben Sie am Markt in Bozen. › S. 61
- Nardini verkauft den besten **Grappa** Italiens in Bassano del Grappa. › S. 72
- Ein Abstecher zum **Schinkenkauf** nach San Daniele del Friuli lohnt allemal. › S. 63
- Beim **Trüffelmarkt** in Alba werden die hochwertigsten Knollen gehandelt. › S. 78
- Das hervorragende **Olivenöl** Umbriens bekommen Sie in der Valle d'Umbria. › S. 116
- Alle **Spitzenweine** des Landes finden Sie in der Enoteca Italiana in Siena. › S. 98
- Ascoli Piceno ist die Heimat des **Anisetta-Likörs** von Meletti. › S. 105
- Von der Amalfiküste nehmen Sie sich einen **Limoncello** mit nach Hause. › S. 129

Special
Nudeln machen glücklich

Spaghetti, Tagliatelle, Ravioli – was wäre die italienische Küche ohne den Reichtum ihrer Nudelgerichte! Eine Liebe fürs Leben, ohne dass man das Objekt der Begierde je restlos kennenlernt. Jede Provinz, ja fast jeder Ort hütet eifersüchtig die Rezepte und Formen seiner eigenen Nudelsorten: allein die Zahl der Namen geht in die Hunderte. Hauptsache, auf der Speisekarte steht: *fatte a mano* – hausgemacht!

Viele Rezepte, die Geschichte der Pasta und ein virtuelles Nudelmuseum hat der Nudelkönig aus Parma ins Netz gestellt: **www.barilla.de**

Italiens heimliche Nudelhauptstadt
Der ganze Ort **Valeggio sul Mincio** (zwischen Mantua und Gardasee gelegen) steht im Banne der Nudelherstellung. Hier bietet eine Fülle von Geschäften und Restaurants die berühmtesten Teigtaschen Italiens an, die Tortellini. Pasta-Schlemmer genießen ausgiebig das Freiluftessen *(Festa del Nodo d'Amore)* im Juni auf der Visconti-Brücke (Infos bei: Proloco, Tel. 04 57 95 18 80, www.valeggio.com).

Der richtige Sugo
Die Italiener haben die Wahl von Nudelsorte und Sauce zu einer Wissenschaft gemacht. Zu würzigen Wildschwein-Sugos munden am besten fingerbreite Pappardelle; *Frutti di Mare* (Meeresfrüchte) und *Vongole* (Venusmuscheln) entfalten ihr Aroma am besten in schlüpfrigen Linguine-Bandnudeln, und in Apulien schwört man auf die Kombination von Hartweizen-Orecchiette (Öhrchennudeln) mit grünem Rübenkraut *(Cima di rape)*.

Special][Pasta

Shopping

Hier bekommt man besonders geschmackvolle Haushaltsgeräte, auch für die Nudelherstellung zu Hause:

■ **Tarigo**
Piazza Colombo 19 r
16121 Genova][**Tel. 0 10 56 58 02**
www.tarigo.it
Für viele ist Tarigo der Tempel italienischen Haushaltsdesigns. Di–Sa 9–13.30, 15.30–19.30 Uhr , Mo 15.30 bis 19.30 Uhr.

■ **La Rinascente**
Filiale Piazza Fiume (Esedra)
00153 Roma
www.rinascente.it
Die Filiale des ältesten und besten Kaufhauses der Stadt führt auch Haushaltswaren in modernem Design. Mo–Sa 9.30–21.30, So 10–21 Uhr.

■ **Pampaloni**
Borgo SS. Apostoli 47r
50123 Firenze][**Tel. 0 55 28 90 94**
www.pampaloni.com
Porzellan und Silberwaren sowie alles für die Küche. Di–Sa 10.30–13, 15.30–19.30 Uhr.

Besondere Restaurants für Pasta-Genießer

■ **Trattoria Caprini**
Via Zanotti 9
37024 Torbe di Negrar
Tel. 04 57 50 05 11
Die Dorfgaststätte in den Veroneser Bergen ist weithin berühmt für ihre ellenlangen hausgemachten Lasagnette-Nudeln. Di abends, Mi Ruhetag. ●●

■ **Locanda al Castello di Sorci**
Ortsteil San Lorenzo 25
52031 Anghiari
Tel. 05 75 78 90 66
www.castellodisorci.it
Toskanisches Landgut beim Castello di Sorci in der Nähe von Arezzo, wo man nicht nur hervorragend speisen, sondern auch beim spektakulären Tagliatelle-Kneten zuschauen kann. Reservierung empfehlenswert! Mo Ruhetag. ●●–●●●

Sugo-Klassiker:

■ **all' amatriciana** – würziger, aus frischen Tomaten, Speck und scharfem Pecorino-Käse bereiteter Sugo, benannt nach der Hirtenstadt Amatrice.

■ **alla bolognese** – der ultimative emilianische Sugo aus Hackfleisch, Möhren, Staudensellerie und wenig Tomaten wird über 3 Stunden geköchelt und mit hausgemachten Tagliatelle serviert.

■ **alla carbonara** – beim Original werden an die Spaghetti »nach Köhlerinnenart« nur gebratener Speck, Pfeffer und Eigelb herangelassen.

■ **al pomodoro** – wenn sie frisch gemacht ist, ist die Tomatensauce ein Gedicht.

■ **alla puttanesca** – das Etikett hat sich für verschiedene pikante Tomatensaucen eingebürgert, denen meist gehackte Oliven, Kapern und manchmal auch Sardellen beigefügt werden.

■ **con pesto alla genovese** – im Mörser werden Basilikum, Meersalz, Pinienkerne, Olivenöl und Parmesan zerstoßen; idealer Nudelpartner sind die ligurischen Trenette (schmale Bandnudeln).

■ **con burro e salvia** – Butter und Salbei passen am besten zu gefüllten Nudeln, etwa zu Kürbistortellini.

Unterwegs in Italien

Entdecken Sie die einzelnen Reiseregionen – jeweils mit den schönsten Touren, allem Sehens- und Erlebenswerten, Hotel-, Restaurant-, Nightlife- und Shoppingtipps

Norditalien

Nicht verpassen!

- An einer Uferpromenade am Gardasee spazieren gehen
- Abends durch Venedig streifen, wenn die Tagestouristen längst weg sind
- Auf einem Damm am Po, dem längsten Fluss Italiens, stehen
- In einer Trattoria der Emilia Romagna die besten Nudeln Italiens essen
- Einen Cappuccino im Traditions-Caffè San Carlo an der gleichnamigen Piazza in Turin trinken
- In den Cinque Terre hoch über dem Meer wandern

Zur Orientierung

Ob über den Brenner, den Sankt-Bernhard-Tunnel oder über Tarvis: Wer aus dem Norden nach Italien einreist, überwindet die Alpen und fühlt sich im Süden. Die Luft ist milder, der Himmel azurblau, erste Palmen und Zitronen tauchen am Gardasee auf. Die norditalienischen Regionen vom Aosta-Tal und Piemont im Westen über die Lombardei und Trentino-Südtirol hinüber in das Veneto und nach Friaul-Julisch Venetien, die wie die Emilia Romagna und Ligurien schon ans Meer reichen, geben sich vielseitig. Gesprochen wird nicht nur Italienisch, sondern eben auch Französisch, Deutsch, Slowenisch und Ladinisch – genauso wie gespeist: neben traditionellen Lasagne und Ravioli findet man Südtiroler Speck, Trüffelgerichte im Piemont oder k.u.k. Spezialitäten im einst habsburgischen Triest. Ob Barolo oder Balsamico, Parmaschinken oder Parmesan: Die bekanntesten italienischen Spezialitäten stammen aus dieser Region. Berühmte Landschaften wie der Lago Maggiore und der Gardasee, die Dolomiten und der Küstenstreifen der Cinque Terre, die faszinierende Lagune von Venedig, der höchste Berg Europas, der Mont Blanc im Aosta-Tal, oder der Po, der die größte Ebene des Landes durchfließt: Namen mit Klang! Mit Venedig liegt eine der einzigartigsten Städte der Welt in dieser Region, mit Leonardo da Vincis »Abendmahl« in Mailand eines der bekanntesten Renaissance-Werke, mit der Arena in Verona *der* antike Aufführungsort für Opernliebhaber, mit den Villen Andrea Palladios das Vorbild für säulengeschmückte Repräsentationsbauten. Und zum Italienbild gehört natürlich auch der Badeurlaub: an der malerischen Küste Liguriens oder an den flachen Stränden der Adria.

Bassano del Grappa an der Brenta

Touren in der Region

Über die Alpen in den Süden

3 — Brixen › Bozen › Vinschgau › Dolomiten (Cortina d'Ampezzo) › Trient › Gardasee

Dauer: 7–8 Tage/680 km
Praktische Hinweise:
Bei der Fahrt in die Bergwelt auch im Frühjahr und Herbst mit Schnee rechnen (Winterkleidung, Schneeketten!). Kurven, Kehren und Serpentinen machen das Fahren anstrengend. Die Straße 45 bis zum Westufer des Gardasees weist im oberen Teil viele Tunnel und Engstellen auf.

Karte Seite 42

Norditalien][Touren in der Region

Für den Winterurlaub an Weihnachten, Neujahr und Fasching rechtzeitig buchen.

Die Tour beginnt 45 km südlich des Brennerpasses in **Brixen** > S. 62 im Eisacktal mit seiner anmutigen *Altstadt und dem **Kloster Neustift. Am Nachmittag bestaunen Sie in **Bozen** > S. 61 den »Ötzi«, bummeln und shoppen in Südtirols Hauptstadt. Am zweiten und dritten Tag erkunden Sie den **Vinschgau** > S. 62, genießen das milde Klima in *Meran und machen einen Abstecher zur fotogenen Kirchturmspitze im *Reschensee. Am vierten Tag geht es hinauf in die ***Dolomiten** > S. 62 über die **Große Dolomitenstraße. Die Fahrt verlangt Aufmerksamkeit, entschädigt aber mit atemberaubenden **Bergblicken: aussteigen und wandern, die klare Luft einatmen und sich am Ende auf einer Sonnenterrasse in **Cortina d'Ampezzo** > S. 63 erholen. Tags darauf geht die Fahrt direkt unter der *Marmolada-Gruppe vorbei nach **Trient** > S. 60. Fast schon mediterrane Atmosphäre erwartet Sie in der *Altstadt bei einem Cappuccino auf dem **Domplatz. Am **Gardasee** > S. 60 atmen Sie am nächsten Morgen den Süden in vollen Zügen: Zwei bis drei Tage sollten Sie hier mindestens bleiben und durch **Riva und entlang der *Seepromenade in **Salò flanieren, die *Bilderbuch-Wasserburg in **Sirmione und die Aussicht von der *Scali-gerburg in *Malcesine bestaunen. Sportlich Aktive sind hier im Surfer- und Bikerparadies, einen geruhsameren Abschluss der Tour bildet eine der zahlreichen Schifffahrten auf dem See.

Zwischen Alpen und Adria – Friaul und Venetien

④ Udine > Cividale del Friuli > Triest > Grado > Aquileia > Venedig > Padua > Abano Terme > Vicenza > Bassano del Grappa > Asolo > Treviso

Dauer: 10–12 Tage/460 km
Praktische Hinweise:
Im Hochsommer an der Küste rechtzeitig buchen, in Venedig immer, da die Stadt das ganze Jahr über voll ist. Udine und Padua leben während des italienischen Studienjahrs, von Oktober bis Mai, auf. Nutzen Sie die »Friaul-Julisch Venetien Card« für freie Museumseintritte, kostenlose Verkehrsmittel u.v.m. (www.turismofvg.it/de-DE/fvg_card.html).

Am ersten Tag spazieren Sie durch das venezianisch geprägte Stadtzentrum der Hauptstadt des Friaul, *Udine* > S. 63, und begeistern sich an Tiepolos **Fresken im Dom und im *Palazzo Arcivescovile. Der zweite Tag gehört den langobardischen **Kunstschätzen, den bedeutendsten Italiens, im hübschen *Cividale del Friuli* > S. 64. Am Abend spüren Sie in der alten k.u.k.-Metropole

Norditalien][Touren in der Region

Triest › S. 64 bei einem Aperitif auf der *Piazza dell'Unità d'Italia die frische Meeresbrise herüberwehen, genießen am nächsten Vormittag den *Ausblick vom Kastell und lassen sich anschließend vom Weiß des **Castello Miramare › S. 65 blenden, bevor Sie in der *Lagune von **Grado › S. 65 ins Meer springen. Herrliche ***Mosaike warten am nächsten Vormittag in **Aquileia › S. 65 auf Sie. Nachmittags laden die Ferienorte **Bibione**, **Caorle** oder **Jesolo** › S. 70 zum Baden ein auf dem Weg in die Hauptstadt des Veneto, ***Venedig › S. 66. In der weltberühmten Lagunenstadt sollte man mindestens dreimal übernachten, um die großartige Kunst, aber auch das besondere Flair dieses Traums im Wasser zu genießen. Am achten Tag lassen Sie sich von den farbenfrohen **Fresken Giottos in **Padua › S. 70 überraschen, tags darauf einen Tag lang in **Abano Terme** › S. 71 verwöhnen. Die großartige **Architektur Palladios erwartet Sie am zehnten Tag in **Vicenza › S. 71. Wer man, deckt sich am folgenden Vormittag im malerischen *Bassano del Grappa › S. 72 mit der bekannten Spirituose ein, am Nachmittag kann man bei *Asolo › S. 72 erneut Palladios Baukunst bewundern. Am Abend könnte man sich in **Treviso › S. 72 ein Glas Prosecco gönnen, dessen Hauptanbaugebiet in dieser Provinz liegt. Schlendern Sie am letzten Tag der Tour durch die *Altstadt entlang der stimmungsvollen Kanäle.

Giotto-Fresko in Padua

Kunststädte in Oberitalien

> ⑤ **Mailand** › **Bergamo** › **Brescia** › **Verona** › **Mantua** › **Ferrara** › **Bologna** › **Modena** › **Parma** › **Cremona** › **Pavia** › **Mailand**
>
> **Dauer:** 9–10 Tage/610 km
> **Praktische Hinweise**:
> Die Städtetour macht man am besten preisgünstig per Bahn (www.ferroviedellostato.it), da die historischen Zentren ohnehin für den Privatverkehr gesperrt sind. Reservieren Sie Ihre Opernkarten für Mailands Scala, Veronas Arena, Parmas Teatro Farnese rechtzeitig.
> Über die wunderschönen Radwege in der Poebene informieren die Tourist-Infos.

Für die Metropole des Nordens, Italiens zweitgrößter Stadt, **Mailand › S. 48, sollten Sie sich mindestens zwei Tage Zeit nehmen. Am dritten Tag fahren Sie hinauf in Bergamos reizende Oberstadt **Bergamo Alto › S. 52 und flanieren rund um die

Norditalien][Touren in der Region

Blick über das Dächermeer der Altstadt von Bologna

*Piazza Vecchia zur **Cappella Colleoni im Renaissance-Stil. Am Nachmittag lassen Sie sich in *Brescia von der Vielfalt der Kunstschätze im Museumskomplex **Santa Giulia-San Salvatore beeindrucken (Juni–Sept. Di–So 10–18 Uhr, bei Ausstellungen u. im Winter geänderte Öffnungszeiten; Tel. 03 02 97 78 34, www.bresciamusei.com) und fahren dann weiter nach **Verona > S. 58, wo rund um die **Arena das Nachtleben lockt. Natürlich steht u.a. der berühmte Balkon von Romeo und Julia tags darauf auf dem Besichtigungsprogramm, aber ebenso ein Spaziergang durch die Einkaufsgassen der Altstadt zum Marktplatz *Piazza delle Erbe. Nach einer Übernachtung wartet in **Mantua > S. 57 ebenfalls ein Bummel zur dortigen **Piazza delle Erbe, bevor Sie sich den großartigen Kunstschätzen dieser Stadt zuwenden. Im ***Renaissance-Zentrum von **Ferrara > S. 57 werden Sie am nächsten Tag immer wieder herrliche Fassaden entdecken. Abends speisen Sie bereits in **Bologna > S. 56 – hier werden die besten Tortellini Italiens serviert. Am nächsten Morgen spazieren Sie unter Laubengängen durchs Zentrum zur **Piazza Maggiore, besuchen das eine oder andere *kommunale Museen (alle gratis) und genießen den schönen Ausblick von der *Torre degli Asinelli. Tags darauf betreten Sie in *Modena > S. 55 die herrliche ***Piazza Grande und decken sich natürlich mit dem echten Balsamico-Essig ein, bevor Sie sich am Nachmittag der Romanik an **Dom und **Baptisterium in **Parma > S. 54 zuwenden. Ein sportliches Programm könnte es am nächsten Vormittag sein, in *Cremona > S. 54 an der **Piazza del Duomo den mit höchsten

Norditalien][Touren in der Region

*Campanile Italiens zu erklimmen. Danach kann man angesichts der meisterlichen Geigen von Stradivari von reinsten Tönen träumen. Der Nachmittag gehört **Pavias 〉 S. 53 in Backsteinrot leuchtender *Altstadt mit den romanischen **Kirchen und dem **Castello Visconteo. Auf der Rückfahrt nach Mailand wartet am letzten Tourtag noch ein absoluter Renaissance-Höhepunkt, die **Certosa di Pavia 〉 S. 53.

Kultur und Natur im Nordwesten

— 6 — Turin 〉 Stupinigi 〉 Staffarda 〉 Saluzzo 〉 Manta 〉 Alba 〉 Asti 〉 Vercelli 〉 Lago Maggiore 〉 Aosta-Tal (Issogne, Fénis) 〉 Aosta

Dauer: 10–12 Tage/470 km; Karte 〉 S. 74
Praktische Hinweise:
Im Winter muss man auch in Turin mit Schnee rechnen. Skiurlaube rechtzeitig buchen. Asti zum Weinfest im September, Alba zur Trüffelmesse im Oktober besuchen.

Die Tour beginnt in der Hauptstadt des Piemont, **Turin 〉 S. 75, deren schachbrettartig angelegtes *Zentrum zum Flanieren unter Arkaden, zu angenehmen Aufenthalten in Cafés und neben erhabener **Barock-Architektur auch zu modernstem Design einlädt. Nach zwei Tagen fahren Sie an der herrlichen Rokoko-Villa **Stupinigi 〉 S. 77 vorbei nach Staffarda 〉 S. 77, wo Sie die großartige romanische **Abtei erwartet. Am Nachmittag durchstreifen Sie in aller Ruhe die wunderschöne **Altstadt von **Saluzzo 〉 S. 77. Der folgende Tag ist dem großartigen gotischen **Freskenzyklus in der **Burg von Manta 〉 S. 77 gewidmet, um dann in den *Langhe um *Alba 〉 S. 77 eine Radtour am Tanaro zu unternehmen – und natürlich sollten Sie den faszinierenden Barolo-Wein kosten. In den Hügeln des *Monferrato um *Asti 〉 S. 78 kann man gleichfalls herrliche Weine probieren, etwa auf einer Weinwanderung. Die Landschaft um *Vercelli 〉 S. 75 mit seiner sehenswerten romanischen Kirche wird Sie mit den weiten Reisfeldern tags darauf vielleicht an Asien errinnern, und Fahrradfahren ist auch hier angesagt. An einem der bekanntesten Seen Norditaliens, dem **Lago Maggiore 〉 S. 74, besuchen Sie am folgenden Tag üppige **Park- und Gartenanlagen und fahren mit dem Schiff hinüber zu den **Borromäischen Inseln. Nach einer Übernachtung geht es dann hinein ins gebirgige *Aosta-Tal 〉 S. 73, vorbei an mächtigen *Burgen in **Issogne** und **Fénis** 〉 S. 74 entlang des Flusstals der Dora Baltea bis zur Hauptstadt der Region, nach **Aosta 〉 S. 73, die mit römischen *Resten und mittelalterlicher Kunst aufwartet. Und wenn Sie noch ein wenig Hochgebirgsluft schnuppern wollen: Der Mont Blanc (Monte Bianco) liegt nur 35 km westlich, oberhalb von **Courmayeur!**

Unterwegs in Norditalien

**Mailand

Die wirtschaftlich florierende Millionenstadt Milano gilt vielen als die modernste Metropole Italiens, geprägt von Geschäftssinn, aber auch von Kultur- und Modebewusstsein. Im Zentrum häufen sich schicke Boutiquen und Restaurants.

Rund um die Piazza del Duomo

Ein Stadtrundgang sollte an der in jüngerer Zeit prächtig restaurierten Piazza del Duomo beginnen.

***Dom Santa Maria Nascente

Mailands Wahrzeichen ist der Dom, der trotz seiner langen Bauzeit (Ende 14. Jh.–20. Jh.) als Einheit erscheint. Die Dimensionen (Länge 158 m, Breite 93 m, Höhe 108 m) sind gigantisch. Über 3400 Statuen schmücken die Kathedrale, 135 Türmchen (Fialen) betonen das vertikale Streben. Im dunklen, fünfschiffigen Innenraum lassen die mächtigen Bündelpfeiler, deren außergewöhnlicher Statuenschmuck in der großen Höhe fast verschwindet, Erstaunen (tgl. 8.30–18.45 Uhr).

Von den marmorgepflasterten **Dachterrassen** des Doms bietet sich ein fantastischer, weit in die Lombardei reichender Blick (Treppe oder Aufzug an der Nordseite, tgl. 9–17.45 Uhr, Nov.–Mitte Febr. bis 16.45 Uhr, Mai–Sept. bis 21 Uhr, abends nur Aufzug; www.duomomilano.it).

**Pinacoteca Ambrosiana

An der stilleren mittelalterlichen *Piazza dei Mercanti** liegt die bedeutende Pinacoteca Ambrosiana. Sie zeigt vor allem Werke von Künstlern der Lombardei und des Veneto sowie Arbeiten flämischer und deutscher Maler des 12. bis 18. Jhs. Zu den Meisterwerken zählen die Madonna Botticellis, Gemälde Jan Brueghels d.Ä., der Musiker von Leonardo da Vinci, Raffaels Zeichnungen für die Stanzen des Vatikans und der Früchtekorb Caravaggios (Di–So 10–17.30 Uhr).

**Galleria Vittorio Emanuele II

Die imposante Einkaufspassage auf der anderen Seite der Piazza, von Giuseppe Mengoni ab 1865 errichtet, ist beliebter Treffpunkt von Einheimischen und Touristen. Campari, den leuchtend roten Aperitivo, kann man im Jugendstilambiente der Bar Zucca, direkt an seinem Erfindungsort genießen (www.caffemiani.it).

Die *Scala

Hinter der Galleria steht man plötzlich vor dem weltberühmten Opernhaus **Teatro alla Scala**. Kaiserin Maria Theresia ließ den

Norditalien][Mailand

von außen eher schlicht wirkenden Bau ab 1776 im Stil des Klassizismus errichten. Die Saison dauert vom 7. Dezember bis Juli (www.teatroallascala.org; Karten-Tel. 02 86 07 75). Das interessante **Museo Teatrale alla Scala** widmet sich der Geschichte der Scala (tgl. 9–12, 13.30–17 Uhr).

Die großen Kunstsammlungen
**Museo Poldi Pezzoli E
Bei der Via Manzoni wendet man sich der Kunst im Museo Poldi Pezzoli zu. Der Sammler Gian Giacomo Poldi Pezzoli vererbte seinen reich ausgestatteten Palazzo 1879 der Stadt Mailand. Neben

- **A** Dom Santa Maria Nascente
- **B** Pinacoteca Ambrosiana
- **C** Galleria Vittorio Emanuele II.
- **D** Scala
- **E** Museo Poldi Pezzoli
- **F** Pinacoteca di Brera
- **G** Castello Sforzesco
- **H** Santa Maria delle Grazie
- **I** Sant'Ambrogio

Norditalien][Mailand

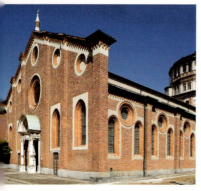

Weltkulturerbe Santa Maria delle Grazie in Mailand

Castello Sforzesco G

Francesco Sforza, der 1450 die Macht ergriffen hatte, ließ das gewaltige Castello Sforzesco errichten. Seine Nachfolger bauten es mit Hilfe von Leonardo da Vinci und Bramante zur Renaissance-Residenz um. Durch den Uhrturm betritt man die Backsteinburg, in der das letzte Werk Michelangelos, die **Pietà Rondanini, seine Heimat gefunden hat (Di–So 9–17.30 Uhr).

Großartige Kirchen
Santa Maria delle Grazie H

Mailands schönste Renaissance-Kirche stammt aus dem 15. Jh. und ist UNESCO-Weltkulturerbe. Ludovico il Moro ließ jedoch Bramante 1492 einen neuen Entwurf vorlegen, und so entstand der großartige **Ostbau. Die Sgraffito-Dekoration hier trägt Bramantes Handschrift ebenso wie der anmutige *Kleine Kreuzgang.

Den größten Schatz des Komplexes im Magenta-Viertel birgt jedoch das ehemalige Refektorium des Dominikanerklosters, das **Cenacolo Vinciano.** Hier malte Leonardo 1497 sein meisterliches ***Abendmahl. Die ungewöhnliche Technik – Öl auf Putz – erforderte unzählige Restaurierungen; die letzte umfassende wurde 1999 abgeschlossen. Seither sind die Besucherzahlen limitiert, die Aufenthaltsdauer ist auf lediglich 15 Min. begrenzt (Anmeldung unter Tel. 02 89 42 11 46 oder www.cenacolovinciano.org; Di bis So 8.15–19 Uhr).

Möbeln, Porzellan, Schmuck und Uhren ziehen die Madonna mit Kind von Mantegna, der San Niccolò da Tolentino von Piero della Francesca, eine Madonna mit Kind von Botticelli und das Lutherporträt von Lucas Cranach die Besucher an (Di–So 10 bis 18 Uhr).

***Pinacoteca di Brera F

Die Pinakothek im gleichnamigen Viertel besitzt über 2000 Werke, Schwerpunkt ist die Malerei des Veneto vom 15.–18. Jh.: Mantegna (**Der tote Christus), Bellini, Crivelli, Carpaccio, Lotto, Tizian, Veronese und Tintoretto. Aber auch Arbeiten von Gentile da Fabriano, Piero della Francesca, Raffael (**Vermählung der Jungfrau), Luca Signorelli, der Carracci-Familie, Caravaggio (**Abendmahl von Emmaus) und Rubens zeugen, neben Werken italienischer Maler des 20. Jhs., von der Hochklassigkeit der Galerie (Di bis So 8.30–19.15 Uhr).

Norditalien][Mailand

Karte Seite 49

Sant'Ambrogio ❶

Der 374 zum ersten Bischof von Mailand gewählte Ambrosius gründete 379 über den Gebeinen der Heiligen Gervasius und Protasius die Märtyrerkirche. Hier wurde er 397 beigesetzt. Man betritt die Basilika über ein feierliches Atrium. Über dem *Stilicho-Sarkophag (4. Jh.) prangt die *Marmorkanzel. Der mit Gold- und Silberreliefs bedeckte **Altar von 835 wird vom *Ziborium auf Porphyrsäulen beschützt. Die *Grabkapelle San Vittore in Ciel d'Oro hat ein kostbares *Mosaik aus dem 5. Jh.

Info

Ufficio Turistico
Piazza Duomo 19/A
20100 Milano][Tel. 02 77 40 43 43
www.visitamilano.it
www.provincia.milano.it/turismo
www.lombardiadautore.regione.
lombardia.it

Verkehr

■ **Flughafen:** Milano Malpensa und **Milano Linate**
(www.sea-aero portimilano.it);
Busverbindungen von beiden Flughäfen zum Hauptbahnhof.

■ **Straßenbahn:** Mit den **Linien 29** und **30**, die um und durch die Altstadt fahren, sind **alle Sehenswürdigkeiten problemlos zu erreichen.**

Hotels

■ **Ariston**
Largo Carrobbio 2
Tel. 02 72 00 05 56
www.aristonhotel.com
Eines der ersten Bio-Hotels Italiens, minimalistischer Stil, am Frühstücksbuffet auch Bio-Produkte. ●●●

■ **Vecchia Milan**
Via Borromei 4][Tel. 02 87 50 42
www.hotelvecchiamilan.com
Einfaches, aber gutes Hotel mit günstiger Lage im Zentrum. ●●

Restaurants

■ **Trussardi alla Scala**
Piazza della Scala 5
Tel. 02 80 68 82 01
www.trussardiallascala.com
Erst 2006 eröffnet – und schon an der Spitze der Mailänder Gastronomie.
Sa mittags und So geschl. ●●●

■ **Obikà Mozzarella Bar**
Via Mercato 28][Tel. 02 86 45 05 68
www.obika.it
Trendy Lokal, vor allem Mozzarella-Spezialitäten beim schicken Viertel Brera. Tgl. ●—●●

Siesta und Panino

Auf den ersten Blick mögen die Italiener offen und gastfreundlich, lebenslustig und gestenreich erscheinen, doch das Nord-Süd-Gefälle spielt auch hier eine Rolle. Mailänder werden nicht anders als Geschäftsleute nördlich der Alpen hektisch ihren Arbeitsalltag meistern, z.B. in der Mittagspause im Stehen schnell ein *panino* verzehren. Ein Neapolitaner, der genauso viele Stunden arbeitet, wird in der Mittagspause zu Hause traditionell essen, eine Siesta einlegen und erst gegen 16 oder 17 Uhr seine Arbeit wieder aufnehmen.

Norditalien][Mailand

Shopping

Eine Querstraße der Via Manzoni, die **Via Montenapoleone**, ist Mailands erste Modeadresse zusammen mit den **Vie Sant'Andrea, della Spiga** und **Pietro Verri**. In der Via Montenapoleone 8 lohnt der Besuch des **Literaten-Caffè Cova** (Aug. geschl., www.pasticceriacova.com).

Nightlife

 ■ **Nachtschwärmer zieht es ins Navigli-Viertel.** Die Wasserstraßen sind aber auch tagsüber eine Besichtigung wert (Darsena in Zona Ticinese und Naviglio della Martesana; auch per Schiff: www.naviglilombardi.it)

■ **Blue Note**
Via Pietro Borsieri 37
Tel. 02 69 01 68 88
www.bluenotemilano.com
In-Lokal im American style. Live-Konzerte (Jazz, Latin, R & B) Di–So 21, Di bis Do auch 23, Fr, Sa auch 23.30 Uhr.

Ausflug zum **Comer See

Durch stark zersiedelte Landschaft fährt man zum Lago di Como, mit 410 m tiefster Binnensee Europas. Mildes Klima taucht den 50 km langen und 4,4 km breiten See in mediterranes Licht. Das kleine **Bellagio** 2 liegt malerisch auf einer Halbinsel, mit herrlichen Parks und exotischen Pflanzen, alten Villen und einer hübsche Altstadt. In **Como** 3 lohnt ein Spaziergang am Seeufer, die Besichtigung des gotischen **Doms und der romanischen Kirche **Sant'Abbondio.

Info

IAT
Piazza Cavour 17][22100 Como
Tel. 0 31 26 97 12
www.lakecomo.org

In der Po-Ebene

In der größten Ebene Italiens, der *Pianura Padana*, mit ihren charakteristischen hohen Kirchtürmen, den Deichen und Dämmen, den im Wind leise flüsternden Pappeln und Eschen liegen einzigartige Kunststädte, die sich als *Città d'Arte della Pianura Padana* zusammengetan haben (www.circuitocittadarte.it).

**Bergamo 4

Die Stadt (116 000 Einw.) grenzt fast übergangslos an Mailand, und strahlt im Gegensatz zur modernen Unterstadt in der ruhigeren Oberstadt **Bergamo Alto um die **Piazza Vecchia mittelalterliches Flair aus. Der Markuslöwe am *Palazzo della Ragione erinnert an die venezianische Herrschaft von 1428–1796. Eindrucksvoll gibt sich auch die **Piazza del Duomo**. Die **Cappella Colleoni (Nov.–Febr. Di–So 9–12.30, 14 bis 16.30, März–Okt. tgl. bis 18 Uhr, gratis) präsentiert sich im feinen Renaissance-Stil neben **Santa Maria Maggiore.**

In der Unterstadt zeigt die **Pinacoteca dell'Accademia Carrara** Werke von Botticelli, Bellini, Mantegna und Antonello da Messina (Tel. 0 35 39 96 43; voraussichtl. bis Ende 2011 wegen Restaurierung geschl.).

Norditalien][In der Po-Ebene

Eine Perle am Comer See ist das malerische Bellagio

Info

IAT
Via Gombito 13 (Bergamo Alto)
24100 Bergamo][**Tel. 0 35 24 22 26**
http://turismo.provincia.bergamo.it
Info-Büro auch an der Piazzale
Marconi (Bahnhof).

Verkehr

■ **Flughafen: Orio al Serio** (www.sacbo.it) ist die große Low-Cost-Drehscheibe Norditaliens. Busse zum Bahnhof (Bus 1; www.atb.bergamo.it) sowie nach Mailand (www.orioshuttle.com, www.autostradale.it).

■ **Zahnradbahn:** Vom Viale V. Emanuele und von der Porta Sant'Alessandro nach Bergamo Alto.

Pavia 5

Ziegelrot leuchtende Fassaden prägen die frühere Hauptstadt der Goten und des langobardischen Reichs (heute 70 000 Einw.). Am Rande der Altstadt errichteten die Visconti nach ihrer Einnahme Pavias im 14. Jh. das ****Castello Visconteo** (Juli, Aug. Di–So 9 bis 13.30, sonst 10–17.50 Uhr).

In der Nähe steht die 1132 geweihte romanische Backsteinkirche ****San Pietro in Ciel d'Oro.** Über die Strada Nuova bummelt man am Komplex der ***Universität** vorbei zu der reizvollen Piazza della Vittoria und dem ***Dom** im Stil der Renaissance (z.Zt. *in restauro*). Von der Strada Nuova führt der Corso Garibaldi zur romanischen Kirche ****San Michele** aus dem 12. Jh.

10 km nördlich der Stadt trifft man auf einen der Renaissance-Höhepunkte Norditaliens, auf die Klosteranlage ****Certosa di Pavia.** 1396 von Gian Galeazzo Visconti in Auftrag gegeben, wurde das Kartäuserkloster nach vielen Jahren in harmonischen Formen vollendet (Di–So, Fei 9–11.30, 14.30–16.30 Uhr, Mai–Aug. bis 18.30 Uhr, gratis).

Norditalien][In der Po-Ebene

Die Emilia Romagna ist bekannt für ihre Delikatessen

Info

IAT
Piazza Petrarca 4][27100 Pavia
Tel. 03 82 59 70 01
www.turismo.provincia.pv.it

Hotel

Excelsior
Piazza Stazione 25
Tel. 0 38 22 85 96
www.excelsiorpavia.com
Angenehmes, etwas plüschiges Haus am Bahnhof. ●●

*Cremona 6

Auf der zentralen **Piazza del Duomo** ragt der *Torrazzo in den Himmel. Über 487 Stufen ist der mit 111 m höchste Campanile Italiens zu erklimmen (Di–So 10 bis 13, 14.30–18 Uhr). Den **Dom** von 1190 zieren Reliefs aus der Schule Antelamis. Das Ensemble des Domplatzes vervollständigen das achteckige *Baptisterium (Eintritt), die gotische **Loggia dei Militi** und der *Palazzo del Comune. In der **Sala Violini** kann man Meisterwerke der Geigenbauerfamilien Cremonas, der Stradivari, Amati und Guarneri bestaunen (Di–Sa 9–18, So, Fei 10–18 Uhr, April bis Juni, Sept.–Okt. auch Mo).

Info

IAT
Piazza del Comune 5
26100 Cremona][Tel. 0 37 22 32 33
www.aptcremona.it

**Parma 7

Die elegante Atmosphäre einer kleinen Hauptstadt hat sich Parma (178 700 Einw.) bewahrt. Auf dem **Domplatz präsentiert sich mittelalterliche Architektur. Drei Loggiengalerien schmücken die romanische Fassade des **Doms (12.30–15 Uhr geschl.). Die *Kreuzabnahme (1178) und der *Bischofsthron des lombardischen Bildhauers Benedetto Antelami aus dem 12. Jh. sind herausragende Werke der Romanik. Vom selben Künstler stammen die Reliefs und Skulpturen des achteckigen **Baptisteriums (geöffnet wie Dom, Eintritt).

Im *Palazzo della Pilotta (1583) bezeugt das **Teatro Farnese die musikalische Begeisterung der Adelsfamilie. Über die Bühne erreicht man die **Galleria Nazionale, eine Gemäldesammlung (Kasse Di–So 8.30 bis 13.30 Uhr).

Info

IAT
Via Melloni 1a][43100 Parma
Tel. 05 21 21 88 89
http://turismo.comune.parma.it

Norditalien][In der Po-Ebene

Hotel

Daniel
Via Gramsci 16/A
Tel. 05 21 99 51 47
www.hoteldaniel.biz
Rundum erneuertes Boutique-Hotel beim stolzen Parco Ducale, das Restaurant bietet lokale Küche. ●●

Restaurant

Antica Osteria Fontana
Via Farina 24 A][Tel. 05 21 28 60 37
Exzellente Panini zu einem Glas Wein, mittags auch klassische Trattoria.
So, Mo geschl. ●

Modena 8

In der historischen Rivalin Bolognas (heute 180 000 Einw.) überragt der 88 m hohe Glockenturm *La Ghirlandina das Stadtbild. Berühmte Namen wie Ferrari, Maserati und Pavarotti sind mit ihr verbunden. An der ***Piazza Grande reihen sich die Arkaden des **Palazzo Comunale**. Der 1099 begonnene romanische **Dom besitzt herrlichen *Skulpturenschmuck. Die Herzöge von Ferrara erbauten den riesigen Palazzo Ducale. Über die Via Emilia spaziert man von der Piazza Grande zum *Palazzo dei Musei, der hochkarätige Sammlungen zeigt.

Info

IAT
Via Scudari 8][41100 Modena
Tel. 05 92 03 26 60
http://turismo.comune.modena.it

Hotel

Libertà
Via Blasia 10][Tel. 0 59 22 23 65
www.hotelliberta.it
Moderner Komfort in einem alten Palazzo nördlich der Piazza Grande. ●●

Restaurant

Ermes
Via Ganaceto 89–91
Traditionelle Osteria, günstige Menüs. Nur mittags Mo–Sa. Kein Tel. ●

Shopping

Überall in der Stadt können Sie den Balsamessig mit der geschützten Herkunftsbezeichnung **Aceto Balsamico Tradizionale di Modena** erwerben (www.balsamicotradizionale.it).

Mythos Ferrari

Nur 12 km südlich von Modena sind in Maranello die roten Flitzer zu Hause. Der Rennfahrer Enzo Ferrari (1898–1988) gründete 1939 die nach ihm benannte Firma zur Produktion eigener Sport- und Rennwagen, die zu einem Symbol der italienischen Automobilbranche wurde. Siege von Ferrari werden als nationales Ereignis gefeiert. Nach Enzo Ferraris Tod übernahm Fiat die Marke.

Das Museo Ferrari, das Modelle aus der gesamten Firmengeschichte zeigt, lässt die Herzen der Motorfans höher schlagen (Via Dino Ferrari 43, tgl. 9.30–18, Mai–Sept. bis 19 Uhr, Tel. 05 36 94 32 04, www.ferrari.it, Eintritt 12 €). In Modena und Umgebung haben auch die Firmen Maserati, Bugatti und Lamborghini ihren Sitz.

Bologna

Die schmackhafte Küche, die ertragreiche Landwirtschaft, die älteste Universität Europas (1088 gegründet), die linke Regierung und das warme Ziegelrot der Bauwerke verliehen der Hauptstadt der Region Emilia Romagna (372 000 Einw.) ihre aussagekräftigen Beinamen *la grassa, la dotta, la rossa* – die Fette, die Gelehrte, die Rote. Und: **Echt gut!** In Bologna wird man nie nass – 70 km Arkaden säumen die Straßen.

Zur Zeit kommunaler Autonomie im 13. Jh. zählte die Stadt mit 50 000 Einwohnern zu den Großstädten Europas. Seit damals ist die ****Piazza Maggiore** Zentrum des städtischen Lebens. Der **Palazzo del Podestà** aus der Renaissance wird von der Torre dell'Arengo (1212) überragt. Daran schließt sich der **Palazzo di Re Enzo** an: Enzo, der Sohn Friedrichs II., musste von seiner Gefangennahme durch die Bologneser 1249 bis zu seinem Tod 1272 in diesem Palazzo leben. Fröhlicher stimmt der **Neptunbrunnen** mit der Statue des Flamen Giambologna (1563). Der **Palazzo Comunale** nimmt die Westseite des Platzes ein. Er birgt die sehenswerten städtischen Kunstsammlungen mit Werken Bologneser Künstler des 13.–19. Jhs. und das ***Museo Giorgio Morandi** (Di–Fr 9–18.30, Sa/So/Fei 10–18.30 Uhr; beide gratis wie alle kommunalen Museen Bolognas).

Die ***Basilica San Petronio** wurde als Symbol der wiedererlangten kommunalen Freiheit von den Bürgern ab 1390 in stolzen Ausmaßen (Länge 132 m, Breite 57 m, Höhe 44 m) und mit dem wunderschönen Hauptportal ****Porta Magna** errichtet. Hinter dem Palazzo di Re Enzo kann man durch die Via Rizzoli mit ihren einladenden Caffès zu den Wahrzeichen Bolognas bummeln, den beiden »schiefen Türmen« ***Torre Garisenda** (48 m) und ***Torre degli Asinelli** (98 m, 498 Stufen, tgl. 9–17, Sommer bis 18 Uhr).

Über die Via Zamboni erreicht man die gotische Kirche **San Giacomo Maggiore** und die ***Pinacoteca Nazionale.** Neben Giotto zeigt sie Renaissance- und Barockkünstler wie Francesco Francia, Annibale Carracci (1560 bis 1609), Guido Reni (1575–1642) und Domenichino (1581–1641) (Di–So 9–19 Uhr).

Via Aemilia

Die römische Via Aemilia verbindet die Städte der Emilia bis heute. Weithin bekannt ist der Parmesankäse, dessen beste Sorte, der *parmigiano reggiano,* übrigens nicht aus Parma, sondern aus Reggio nell'-Emilia stammt.

Info

IAT
Piazza Maggiore 6
40 100 Bologna
Tel. 0 51 25 19 47
http://iat.comune.bologna.it
Infobüros auch im Bahnhof und Flughafen.

Norditalien][In der Po-Ebene

Karte Seite 42

Verkehr
Flughafen: Guglielmo Marconi (www.bologna-airport.it); Shuttle-Busse vom und zum Hauptbahnhof (www.atc.bo.it).

Hotel
Touring
Via De' Mattuiani 1
Tel. 0 51 58 43 05
www.hoteltouring.it
Freundliches B&B-Hotel, ruhige Lage am Rande der Altstadt. ●●–●●●

Restaurant
Teresina
Via Oberdan 4][Tel. 0 51 22 89 85
www.ristoranteteresinabologna.it
Bologneser Küche, darunter herrliche Tortellini-Gerichte. Mit Garten. So Ruhetag. ●●

Ferrara 10
Die Stadt (133 600 Einw.), deren ***Renaissance-Zentrum** zum Weltkulturerbe der UNESCO zählt, verdankt ihre prachtvollen Paläste dem Mäzenatentum der Familie Este, die 1240–1597 die Geschicke Ferraras bestimmte. Eines der schönsten Bauwerke – der *Dom (1135) – entstand zuvor in der Zeit kommunaler Autonomie.

Die Burg hinter dem **Palazzo Comunale,** das **Castello Estense,** ließ Niccolò II. nach einem Aufstand 1385 erbauen (Kasse Di–So 9.30–16.45 Uhr). Hinter dem Dom kommt man an Renaissance-Palästen vorbei zum **Palazzo Schifanoia.** Die berühmten Fresken des **Monatssaals zeigen Beispiele astrologischer Schicksalsdeutung in der Renaissance (Di–So 9–18 Uhr). Sehenswert ist auch das mittelalterliche Ghetto der Stadt.

Info
IAT
Castello Estense][44100 Ferrara
Tel. 05 32 29 93 03
www.ferraraturismo.it

Mantua 11
Um Mantova (47 600 Einw.) weitet sich der Mincio, ein Nebenfluss des Po, zu drei malerischen Seen, die der Stadt eine fast inselartige Lage verschaffen. Seine prächtigen Bauten, die dem einzigartigen Gesamtensemble 2008 die Aufnahme ins UNESCO-Weltkulturerbe brachten, verdankt Mantua den 1328 bis 1707 herrschenden Gonzaga. Die **Piazza Sordello** säumen Adelspaläste, der **Dom San Pietro** mit tempelartiger Fassade sowie der zinnengekrönte ***Palazzo Ducale** (Herzogspalast). Seine über 500 verschachtelten Räume und Gärten waren Schauplatz glanzvoller Hofhaltung. Die grandiose Ausstattung gipfelt im **Castello di San Giorgio.** Einer seiner Türme bewahrt einen Renaissance-Freskenzyklus, die **Camera degli Sposi, den im 15. Jh. von Mantegna mit raffiniertem Illusionismus ausgemalten Empfangssaal (Kasse Di–So 8.30–18.20 Uhr; Reservierungen für Camera degli Sposi unter Tel. 04 12 41 18 97).

Etwas weiter spielt sich vor mittelalterlicher Kulisse jeden Donnerstag vormittag das Marktge-

Opernaufführung in der berühmten Arena in Verona aus dem 1. Jh.

schehen auf der **Piazza delle Erbe** ab. Zur Piazza Mantegna hin öffnet sich der feierliche Portikus der Renaissance-Kirche **Sant'-Andrea**. Das Universalgenie Leon Battista Alberti entwarf die Fassade in Anlehnung an antike Triumphbögen.

Als Sommerschloss vor der Stadt ließ sich Herzog Federico II. von Giulio Romano den **Palazzo Tè** errichten, wo in der *Sala di Psiche und der *Sala dei Giganti manieristische Malerei zu sehen ist (Di–So 9–18, Mo 13–18 Uhr).

Info

IAT
Piazza A. Mantegna 6
Eingang Piazza delle Erbe
46100 Mantua
Tel. 03 76 43 24 32
http://turismo.comune.mantova.it
www.turismo.mantova.it
Die Webseite der Provinz schlägt schöne Fahrradtouren in die Umgebung vor.

Hotel

Broletto
Via Accademia 1 a
Tel. 03 76 32 67 84
www.hotelbroletto.com
Kleines, intimes und sehr freundlich geführtes Hotel im Stadtkern. ●●

Restaurant

Fragoletta
Piazza Arche 5
Tel. 03 76 32 33 00
Traditionelle, aber auch fantasievolle Kreationen wie geräucherter Ricotta mit Speck und Balsamico. Mo geschl. ●—●●

Verona 12

Nicht die unglückliche Liebe von Romeo und Julia im Drama Shakespeares, sondern ihr Gesamtbild trug der Stadt im Veneto (264 000 Einw.) den Titel Weltkulturerbe der UNESCO ein. Das Flanieren auf der *Piazza Brà mit der **Arena** als Blickfang ist ein Erlebnis (Kasse tgl. 8.30–18.30, an Operntagen 8.30–16 Uhr).

Opernkarten für die Arena mit ihren 22 000 Plätzen gibt es in der Via Dietro Anfiteatro 6b (Tel. 04 58 00 51 51; www.arena.it).

Über die elegante Via Mazzini spaziert man zur Via Cappello und zum gotischen **Wohnhaus der Julia** *(Casa di Giulietta)* mit dem weltberühmten Balkon (Kasse Di–So 8.30–18.45, Mo ab 13.30 Uhr). Trubel herrscht auf der *Piazza delle Erbe,* dem von prächtigen Palästen umgebenen Marktplatz.

Hinter einem Bogen öffnet sich das Machtzentrum Veronas, die *Piazza dei Signori.* Der romanische **Palazzo del Comune** kontrastiert mit dem eleganten Portikus der *Loggia del Consiglio.* Hinter dem **Palazzo della Prefettura,** der einstigen Residenz der im 13. und 14. Jh. herrschenden Scaliger, liegen deren gotische Grablegen *Arche Scaligere.* Ein Spaziergang führt weiter zum romanischen **Dom** (Eintritt) mit seiner prächtigen *Fassade.* Zurück zur Piazza Brà, wandert man über die Via Roma zur Burg *Castelvecchio,* Sitz des von Carlo Scarpa umgestalteten *Civico Museo d'Arte* (Di–So 8.30–19.30, Mo 13.30–19.30 Uhr).

Weiter westlich erreicht man einen der Höhepunkte romanischer Kirchenbaukunst in Italien, **San Zeno Maggiore** (12./13. Jh.). Die Fassade ist mit bezaubernden *Reliefs* versehen, die um das kostbare **Bronze**portal mit seinen 48 Bildfeldern angeordnet sind. Im Inneren ragen das **Triptychon von Andrea Mantegna** (1459) und die *Holzstatue des hl. Zeno* hervor (Eintritt).

Info

IAT
Via degli Alpini 9/Piazza Brà
37100 Verona][Tel. 04 58 06 86 80
www.tourism.verona.it
Auch im Bahnhof und am Flughafen.

Verkehr

■ **Flughafen:** **Valerio Catullo** in Villafranca, 12 km entfernt; im Sommer 2009 Direktflüge nach Berlin, Düsseldorf, Frankfurt, Köln, München und Wien (www.aeroportoverona.it).

■ **Hauptbahnhof:** **Porta Nuova** mit Anschluss zu internationalen Zugverbindungen (www.trenitalia.com).

Hotel

De Capuleti
Via del Pontiere 26
Tel. 04 58 00 01 54
www.hotelcapuleti.it
Modernes Hotel mit 42 gut ausgestatteten Zimmern, im Stadtkern. ●●

Restaurants

■ **Locanda di Castelvecchio**
Corso Castelvecchio 21a
Tel. 04 58 03 00 97
Typische Veroneser Küche, z.B. gekochtes Fleisch mit grüner Sauce. Di und Mi mittags geschl. ●●●

■ **Osteria/Enoteca Le Vecete**
Via Pellicciai 32 (nahe P. delle Erbe)
Tel. 0 45 59 47 48
Sehr traditionsreich, zum Wein werden kleine Köstlichkeiten serviert. ●

⁎⁎Gardasee

Die Ausläufer der Alpen bescheren Italiens größtem See (370 km²) so mildes Klima. **Von den Uferstraßen aus hat man traumhafte Ausblicke,** v.a. im nördlichen Teil. Trotz des Touristenansturms locken die hübsche Altstadt von ⁎⁎Riva, die Seepromenaden von ⁎⁎Salò und am Südende ⁎⁎Sirmione mit seiner romantischen ⁎Wasserburg und den Resten einer römischen Villa, den sog. ⁎⁎Grotten des Catull. Am Ostufer lohnen u.a. der Weinort **Bardolino** und die ⁎Scaligerburgen von ⁎**Torri del Benaco** und ⁎**Malcesine** den Besuch.

Info

Die Provinzen Trento, Verona und Brescia teilen sich die Ufer des Sees:

■ **Ingarda Trentino**
Largo Medaglie d'Oro
538066 Riva del Garda
Tel. 04 64 55 44 44
www.gardatrentino.it
Webseite mit breitem Sportangebot.

■ **IAT**
Piazza Donatori di Sangue 1
37016 Garda][Tel. 04 56 27 03 84
www.tourism.verona.it

■ **IAT**
Via Porto Vecchio 34
25015 Desenzano
Tel. 03 09 14 15 10
www.provincia.brescia.it
www.bresciainbici.it (Fahrradtouren)

Verkehr

Schiffe verbinden alle wichtigen Orte am Gardasee; auch Autofähren (www.navigazionelaghi.it).

Hotels

■ **Grand Hotel Fasano**
Corso Zanardelli 190
25083 Gardone Riviera
Tel. 03 65 29 02 20][www.ghf.it
In der ehemaligen k.u.k. Jagdresidenz kann man sich **im großen Garten dem dolce far niente hingeben.** ●●●

■ **La Paùl**
Via XXV Aprile 32][25019 Sirmione
Tel. 0 30 91 60 77
www.hotellapaul.it
Direkt am See, mit eigenem Zugang; schöner Garten, Pool und Panorama-Restaurant. ●●–●●●

■ **Residence Bellavista**
Piazza Cesare Battisti 4
38066 Riva del Garda
Tel. 04 64 55 42 71
www.bellavistariva.it
Apartmenthotel: feine Zimmer, herrliche Terrasse, direkt am See. ●●

Restaurant

Gelateria Flora
Viale Rovereto 54][Riva del Garda
Supereisbecher und Sorten in allen erdenklichen Geschmacksrichtungen.

Trentino-Südtirol

⁎⁎**Trient**

Beim Cappuccino unter den Arkaden in der Provinzhauptstadt Trento (112 600 Einw.) genießt man den ⁎⁎**Domplatz** mit der Schaufassade des ⁎**Doms.** Fürstbischof Bernhard von Cles (1485 bis 1539) erweiterte das gotische ⁎⁎**Castello del Buonconsiglio** um den Renaissance-Trakt »Magno Palazzo«. Im Castello lohnen die ⁎⁎Monatsbilder in der Torre dell'Aquila (Di–So 9.30–17, Juni

Norditalien][Trentino-Südtirol

bis Anf. Nov. 10–18 Uhr; Reservierung: Tel. 04 61 49 28 11).

Info

Turismo Trentino
Via Manci 2][38100 Trento
Tel. 04 61 21 60 00
www.trentino.to

Hotels

■ **Aquila d'Oro**
Via Belenzani 76
Tel. 04 61 98 62 82
www.aquiladoro.it
Niveauvolles Haus mit minimalistischer Bar, am Domplatz. ●●●

■ **Castel Pergine**
Via al Castello 10
38057 Pergine Valsugana
Tel. 04 61 53 11 58
www.castelpergine.it
In ihrer mittelalterlichen Burg bei Trient stellen die Schweizer Inhaber lieber moderne Kunst aus als Fernseher in die Zimmer. April–Anf. Nov. ●

Restaurant

Osteria a le Due Spade
Via Don Rizzi 11/Ecke Via Verdi
Tel. 04 61 23 43 43
www.leduespade.com
Nobles Lokal mit Renaissance-Ambiente, günstige Mittagsmenüs. So und Mo mittags geschl. ●●●

Bozen

Die Provinzhauptstadt Bolzano (über 100 000 Einw.) ist Sitz der autonomen Regierung Südtirols. Die mittelalterliche *Altstadt kontrastiert mit der in der Ära des Faschismus entstandenen Architektur der Neustadt. Am Waltherplatz ragt der spätgotische Turm des *Doms in den Himmel. Am Nordende des Platzes geht man zum **Korbmarkt** und durch die engen *Laubengänge weiter, an deren Westende man auf dem stimmungsvollen *Obstmarkt kulinarische Spezialitäten erwerben kann. Rechts folgt das Franziskanerkloster mit dem *Weihnachtsaltar (um 1500).

Hauptattraktion in Bozen ist das *Südtiroler Archäologiemuseum, wo man die Mumie des »Ötzi« bestaunen kann (Museumsstr. 43, Tel. 04 71 32 01 00, Juli, Aug., Dez. tgl., sonst Di–So 10–18 Uhr; www.iceman.it).

Will man die Weine der Region kennenlernen, fährt man zur Weinprobe am besten entlang der **Südtiroler Weinstraße** (www.suedtiroler-weinstrasse.it).

Info

■ **Städtisches Verkehrsamt**
Waltherplatz 8][39100 Bozen
Tel. 04 71 30 70 00
www.bolzano-bozen.it
■ **www.suedtirol.info**
Tolle Webseite mit exzellenten Infos zu Sport, Familienurlaub, Wellness, Weinführer u.v.m.

Verkehr

Drei **Seilbahnen** führen von Bozen auf 1000 m Höhe hinauf ins Naturschutzgebiet Kohlern, auf den Ritten und ins Bergdorf Jenesien mit traumhaft schönem *Rosengartenblick.

Hotel

Parkhotel Laurin
Laurinstr. 4][Tel. 04 71 31 10 00
www.laurin.it

Norditalien][Trentino-Südtirol

Exklusives Haus, mit schönen Zimmern und Jugendstil-Restaurant, Sommer-Lounge-Bar, jeden Fr Jazz. ●●●

Ausflüge ab Bozen
*Brixen 20

Die alte Bischofsstadt Bressanone (20 100 Einw.) bezaubert mit südlichem Flair. Ein Besuch in der *Bischöflichen Hofburg (Di–So 10–17 Uhr) lässt sich mit einem Spaziergang durch die Weinberge zum **Kloster Neustift (www.kloster-neustift.it) abrunden.

Info

Tourismusverein
Bahnhofstr. 9][39042 Brixen
Tel. 04 72 83 64 01
www.brixen.org

Hotel

Goldenes Rössl
Brennerstr. 3][Tel. 04 72 83 51 52
www.goldenesroessl.it
Seit über 350 Jahren übernachtet man hier in rustikal eingerichteten Zimmern; Pool, Restaurant, Parkplatz. ●●

Restaurant

Finsterwirt
Domgasse 3][Tel. 04 72 83 53 43
www.goldener-adler.com
Echt gut! Traditionsgasthaus mit Südtiroler Küche; Terrasse im Innenhof.
So abends und Mo Ruhetag. ●●

In den **Vinschgau

Apfelbäume, Weinreben und Wanderwege prägen das malerische Tal der Etsch. Hier begrüßt die Kurstadt *Meran 21 (36 800 Einw.) die Reisenden. Im **Kurhaus mit Jugendstilambiente und an der Promenade treffen sich internationale Gäste. Man bummelt durch die *Lauben oder auf dem von subtropischen Pflanzen gesäumten *Tappeiner Weg.

Schöne Wanderungen und herrliche Natur bietet der **Nationalpark Stilfser Joch (www.ferienregion-obervinschgau.it).

Info

Kurverwaltung
Freiheitsstr. 45][39012 Meran
Tel. 04 73 27 20 00][www.meran.eu
www.vinschgau-suedtirol.info

Hotel

Bamguat
Walser Str. 8][Tel. 04 73 44 33 21
www.bamguatmeran.it
Apartments in einem schönen Bauernhof, ruhig und gemütlich. ●

Restaurant

Zmailerhof
Schennaberg 48][39017 Schenna
Tel. 04 73 94 58 81
Auf 1094 m Höhe oberhalb Merans, ein typischer Berggasthof mit Panoramablick. Nur April–Nov., Fr geschl. ●

In die ***Dolomiten

Von Bozen fährt man durch das Eggen-Tal in die Dolomiten, die die UNESCO 2009 ins Weltnaturerbe aufgenommen hat. **Überwältigende **Ausblicke bietet die **Große Dolomitenstraße.**

Die Strecke in den berühmten Wintersportort *Cortina d'Ampezzo 22 (www.cortina.dolomiti.org) markieren landschaftliche Highlights: **Karersee (1519 m), *Karerpass (1745 m) – kurz vor-

Norditalien][Friaul-Julisch Venetien

Karte
Seite 42

her zeigt die **Rosengartenstraße** ab –, **Marmolada** (3342 m), das **Fassa-Tal** mit dem Hauptort **Canazei** (ladinisch Cianacèi), ****Pordoijoch** (2239 m) und ****Passo di Falzarego** (2105 m).

Hotel

Meublé Piccolo Pocol
Ortsteil Pocol 48
32043 Cortina d'Ampezzo
Tel. 04 36 26 02
www.pocol.it
Auf 1530 m zwischen Falzarego-Pass und Cortina, schön restaurierter Familienbetrieb mit Sauna, Dampfbad und herrliche Sonnenterrasse. ●●

Friaul-Julisch Venetien

*Udine 23

Das öffentliche Leben in der von den Venezianern geprägten Stadt (98 000 Einw.) in den Hügeln spielt sich auf der **Piazza della Libertà** ab. Man steigt hinauf zum Kastell mit den **Musei Civici** (Di bis So 10.30–19 Uhr), gleich daneben dreht sich das Wahrzeichen Udines im Wind: der Erzengel Gabriel, der den Turm der bereits im 6. Jh. erbauten Kirche **Santa Maria di Castello** schmückt. Der **Palazzo Arcivescovile** birgt einen ****Freskenzyklus des Barockmalers Giovanni Battista Tiepolo (Mi–So 10–12, 15.30–18.30 Uhr). Auch der **Dom** wartet mit Gemälden von Tiepolos Hand auf.

Die etwas außerhalb gelegene **Galleria d'Arte Moderna** zeigt Werke der bedeutendsten italie-

Das Pordoijoch an der Großen Dolomitenstraße

nischen Maler des 20. Jhs., z.B. von De Chirico (Via Ampezzo 2, tgl. außer Di 10.30–19 Uhr).

Info

Infopoint TurismoFVG
Piazza 1° Maggio 7][33100 Udine
Tel. 04 32 29 59 72
www.turismo.fvg.it

Hotel

Hotel La' di Moret
Viale Tricesimo 276
Tel. 04 32 54 50 96
www.bestwestern.com
Hotel mit Pool außerhalb des Zentrums. Sehr gutes Restaurant (So/Mo mittags geschl.). ●–●●

Shopping

■ Den berühmten prosciutto crudo (roher Schinken) gibt's im rund 25 km entfernten **San Daniele del Friuli** (www.tourism.friulicollinare.it).

■ **Prosciuttificio Prolongo**
Via Trento e Trieste 129
33038 San Daniele del Friuli
Tel. 04 32 95 71 61

Mosaikfußboden in der Basilika von Aquileia

*Cividale del Friuli 24

In dem mittelalterlichen Städtchen gründeten die Langobarden 568 ihr erstes Herzogtum auf italienischem Boden. Im ***Museo Cristiano** (im Dom) zeigt der *Altar des Langobarden Ratchis (8. Jh.) schöne Steinmetzkunst. Am Domplatz wird im ***Museo Archeologico Nazionale** Kultur und Geschichte der »Langbärte« vermittelt (Di–So 8.30–19.30, Mo bis 14 Uhr). Rechts hinter dem Museum ist der ***Tempietto Longobardo,** ein Kirchenraum des 8./9. Jhs. mit erlesenen *Stuckreliefs, die mit ihrem stilisierten Ausdruck einzigartige Beispiele langobardischer Kunst darstellen (12.30–15 Uhr geschl.).

Info

IAT
Piazza P. Diacono 10
33043 Cividale del Friuli
Tel. 04 32 71 04 60
www.cividale.net
www.turismo.fvg.it

**Triest 25

Die Stadt Trieste (205 400 Einw.), umgeben von den weißen Felsen des Karstgebirges, war die Adria-Metropole der Habsburger Monarchie. 1918 fiel sie an Italien.

Melancholie prägt den immer noch größten Hafenort der Adria, eine rückwärts gewandte Sehnsucht nach dem Glanz der Vielvölkerstadt und des bedeutenden Handelszentrums, zu dem die Österreicher Triest ab 1719 als Freihafen ausbauten. Das österreichische Erbe zeigen die geradlinigen Straßenzüge des ***Borgo Teresiano.** Mittelpunkt des Stadtteils ist der **Canal Grande,** an dessen Ende sich die klassizistische Fassade der Kirche **Sant'Antonio Nuovo** abzeichnet. Südöstlich der Kirche erinnert das ***Teatro Romano** (um 100 n. Chr.) an die römische Vergangenheit, der Klassizismus der ***Piazza della Borsa** dagegen an die merkantile Blüte. Stadtplatz ist heute die ***Piazza dell'Unità.**

Auf dem Hügel San Giusto steht das Wahrzeichen der Stadt, die Kathedrale ***San Giusto**. Das mächtige **Kastell** bietet einen wunderschönen Ausblick auf Triest und das Meer.

Kunst und Stilmöbel des 19. Jhs. versammelt das **Museo Civico Palazzo Revoltella** (Via Diaz 27, Tel. 04 06 75 43 50, tgl. außer Di 10–20 Uhr, im Winter bis 18 Uhr).

`Buch-Tipp` Einen guten Einblick in das heutige Triest bekommt man mit **Commissario Laurenti** in den als TV-Reihe verfilmten Krimis von Veit Heinichen.

Etwas nördlich von Tiest lohnt ein Besuch im weißen ****Castello di Miramare** in Grignano mit großer Parkanlage (www.castello-miramare.it).

Info

Infopoint TurismoFVG
Piazza dell'Unità 4/B
34121 Trieste][Tel. 04 03 47 83 12
www.turismofvg.it
www.welcomeoffice.trieste.it

Hotel

San Giusto
Via dell'Istria 7][Tel. 04 07 64 82 4
www.hotelsangiusto.it
Komfortables Haus mit über 60 modernen Zimmern. Morgens Frühstücksbuffet. Hotelgarage. ●●–●●●.

Restaurants

■ **Suban**
Via Comici 2][Tel. 04 05 43 68
Gute Triestiner Küche. Geöffnet Mi bis Mo abends, Sa, So, Fei auch mittags.
●●–●●●

■ **Caffè Tommaseo**
Piazza Tommaseo 4/c
Tel. 0 40 36 26 66
www.caffetommaseo.com
Traditionsreiches *Kaffeehaus nahe der Piazza dell'Unità. Tgl. geöffnet.

Ausflüge ab Triest
Grado

Dünen, Inseln und Sandbänke bilden für die Vögel in der ***Lagune von Grado** ideale Nistplätze. Urlauber zieht es ins saubere Wasser **(vier Blaue Flaggen 2009)**, `Echt gut!` in die hübsche Altstadt und in die ***Basilica di Sant'Eufemia** mit einem wunderschönen *Fußbodenmosaik des 6. Jhs.

Info

IAT
Viale Dante 72][34073 Grado
Tel. 04 31 87 71 11
www.turismofvg.it

**Aquileia

Dem kleinen Örtchen sieht man seine einstige Bedeutung in der romanischen ***Basilika** noch an: denn sie bewahrt die größten (645 m^2) spätantiken *****Mosaiken** des Abendlandes aus dem 4. Jh. (tgl. ab 9 Uhr, auch ***Archäologische Zone).

Hotel

Patriarchi
Via G. Augusta 12][33051 Aquileia
Tel. 04 31 91 95 95
www.hotelpatriarchi.it
Sehr angenehmes, gastfreundliches Haus mit komfortablen Zimmern; gutes Restaurant mit schöner Auswahl an Friaul-Weinen. ●●

Norditalien II Venedig

***Venedig 28

Der einzigartigen Faszination der 70 000 Einwohner zählenden Lagunenstadt Venezia, Hauptstadt des Veneto, kann sich niemand entziehen. Bei einem Spaziergang entlang den Kanälen, über unzählige Brücken und durch ein Labyrinth von Gassen taucht man ein in die besondere Atmosphäre dieser Wasserstadt.

Vom ***Markusplatz zur **Ca' d'Oro

Am »schönsten Salon Europas«, wie Napoleon den ***Markusplatz Ⓐ nannte und wo seit über 1000 Jahren das Herz der Republik schlägt, sollte ein Rundgang durch Venedig beginnen. Unter den Laubengängen der **Procuratie Vecchie** kann man bei einem Cappuccino und leiser Musik die Fassade der ***Markusbasilika Ⓑ auf sich wirken lassen. 828 raubten die Venezianer im ägyptischen Alexandria die sterblichen Überreste des Evangelisten Markus, der Stadtpatron und Schutzheiliger der aufsteigenden Seemacht werden sollte. Ausdruck von Macht und Osthandel ist die 1094 geweihte Basilika mit den orientalischen Kuppeln. Über den fünf reich verzierten Portalen sind die Kopien der vier antiken **Bronzepferde aufgestellt. Die **Mosaiken im dunklen, mystisch wirkenden Innenraum bedecken 4000 m²! Einzigartig ist die ***Pala d'Oro hinter dem Hauptaltar, die ab 976 entstand und auf Goldgrund 250 Bilder mit wertvollen Edelsteinen und Emaillefiguren zeigt (Mo–Sa 9.45 bis 16.45 Uhr, Sommer 9.45–17, So/Fei ab 14 Uhr, gratis; Pala d'Oro Eintritt).

Unerwartet isoliert steht der **Campanile** der Basilica San Marco mit seinen 97 m Höhe am Übergang zur **Piazzetta.** Feine Verzierungen charakterisieren hier über den kraftvollen Arkaden und der eleganten Loggia den zweiten berühmten Bau Venedigs, den prunkvollen **Palazzo Ducale** Ⓒ, Residenz der Dogen, Sitz der Regierung und des Gerichts, Versammlungsort des Rates. Der heutige Palast, ein Meisterwerk venezianischer Gotik, entstand nach einem Brand im 15. Jh. Die venezianische Malerelite – Giovanni Bellini, Tizian, Veronese und Tintoretto – wurde mit den Gemälden für den Palazzo beauftragt. In der ***Sala del Maggior Consiglio, dem 53 x 24 m großen Ratssaal, erstaunt das riesige »Paradies« (7,45 x 24,65 m) von Tintoretto (April–Okt. tgl. 9–19, Nov.–März 9–17 Uhr, Eintritt, auch Sammeltickets mit weiteren Museen).

Hin zur Lagune stehen die zwei **Säulen** mit dem Markuslöwen und San Teodoro, das symbolische Stadttor Venedigs. Hinter dem Palazzo Ducale überspannt die *Seufzerbrücke Ⓓ den Rio del Palazzo. Zwei übereinander liegende Gänge verbinden den Dogenpalast und die Bleikammern (das Gefängnis).

Der Weg vom Markusplatz durch die malerischen Gassen bis

Norditalien][Venedig

zur *Rialtobrücke E, vorbei an Brücken und Kanälchen, ist gut ausgeschildert. Der elegante Marmorsteinbogen von 48 m Spannweite war bis 1854 der einzige Übergang über den ***Canal Grande. Dessen auf Pfählen erbauten **Paläste besitzen im Erdgeschoss Anlegestellen für Boote und Magazine für Handelswaren, darüber liegen Wohnetagen. Nach Einbruch der Dunkelheit kann man die **prächtigen Decken und Lüster im Innern der Paläste** bestaunen. Ein gelungenes Beispiel venezianischer Gotik ist die herrliche **Ca' d'Oro F (1421–1444; Mo 8.15–14 Uhr, Di–So bis 19.15 Uhr).

Westlich des Canal Grande

Durch Gassen und über unzählige Brücken oder den Canal Grande entlang bis zur Anlegestelle San Tomà erreicht man **Santa Maria Gloriosa dei Frari G, Frari-Kirche genannt. Der riesige Ziegelbau der Franziskaner wurde im 15. Jh. vollendet. Im grandiosen Innenraum umhüllen freistehende *Marmorschranken der Renaissance das großartige **Chorgestühl. Den Hauptaltar dahinter schmückt die ***Himmelfahrt Mariens, ein Meisterwerk Tizians. Die Sakristei birgt eine anmutige **Madonna mit Kind und Heiligen von Bellini. Tizians **Pesaro-Madonna ziert die Familienkapelle der Pesaro (Mo–Sa 9–18, So, Fei ab 13 Uhr).

In der Nähe liegt die **Scuola Grande di San Rocco H aus dem

Die Rialtobrücke in Venedig

16. Jh. Überwältigend sind die 30 gewaltigen **Bilder Jacopo Tintorettos, die der Künstler in den Jahren 1564 bis 1587 schuf (tgl. 9.30–17.30 Uhr).

Zwischen San Rocco und Accademia kommt man an einem Architektur-Juwel vorbei: der nach jahrelangen Restaurierungsarbeiten wieder eröffneten *Ca' Rezzonico I, deren Museum das Venedig des 18. Jhs zum Thema hat (Kasse tgl. außer Di 10 bis 16 Uhr).

Die **Galleria dell'Accademia J stellt die venezianische Malerei des 14.–18. Jhs. vor. Höhepunkte sind die **Frührenaissance-Werke von Giovanni Bellini und Vittore Carpaccio sowie **Arbeiten des 16. Jhs. von Giorgione, Tizian, Veronese und Tintoretto (Mo 8.15–14, Di–So bis 19.15 Uhr).

Info

APT
Castello 5050][30124 Venezia
Tel. 04 15 29 87 11
www.turismovenezia.it

Norditalien | Venedig

Infobüros auch an der Piazzale Roma, im Bahnhof und Flughafen, an der Piazza San Marco und Giardini Reali (Anleger San Marco).

Verkehr

■ **Canal Grande:** Für die Besichtigung der Palazzi empfiehlt sich die **Vaporetto-Linie 1**, die alle Haltestellen ansteuert. Für eine Fahrt um das historische Zentrum eignen sich die **Linien 41** und **42** (www.actv.it).
■ **Flughafen: Marco Polo** (www.veniceairport.it); Venedig ist per Bus und Vaporetto (www.actv.it), Taxi (Tel. 0 41 93 62 22) und privaten Wassertaxis (nur 30 Min., aber teuer) mit dem Flughafen verbunden.
■ **Bahnhöfe: Santa Lucia** am Canal Grande ist über den Ponte della Libertà

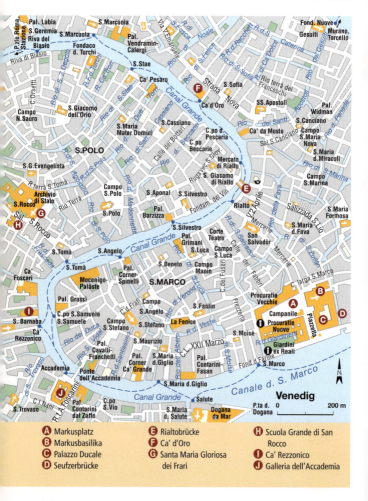

- Ⓐ Markusplatz
- Ⓑ Markusbasilika
- Ⓒ Palazzo Ducale
- Ⓓ Seufzerbrücke
- Ⓔ Rialtobrücke
- Ⓕ Ca' d'Oro
- Ⓖ Santa Maria Gloriosa dei Frari
- Ⓗ Scuola Grande di San Rocco
- Ⓘ Ca' Rezzonico
- Ⓙ Galleria dell'Accademia

Norditalien][Ausflüge in die Lagune

Karte S.42/68

mit dem Bahnhof in **Mestre** auf dem Festland verbunden.
Von dort Anschluss an das internationale Fernreisenetz.

■ **Fährverbindungen:** Nach Kroatien und Slowenien (www.venezialines.com) sowie nach Griechenland (www.traghettiweb.it, www.aferry.de).

Hotels

■ **Locanda Leon Bianco**
Cannaregio Corte del Leon Bianco 5629][Tel. 04 15 23 35 72
www.leonbianco.it
Ferruccio Spellanzons **freskengeschmückte Salonzimmer** sind der richtige Rahmen für das exklusive Venedig-Erlebnis. ●●●

■ **Abbazia**
Cannaregio 68
Calle Priuli dei Cavalletti
Tel. 0 41 71 73 33
www.abbaziahotel.com
Ehemaliges Kloster mit schönen Zimmern, in Bahnhofsnähe. ●●–●●●

■ **Messner**
Dorsoduro 216
Tel. 04 15 22 74 43
www.hotelmessner.it
Familiengeführtes Stadthotel bei Santa Maria della Salute. ●●–●●●

Restaurants

■ **Riviera**
Zattere 1473
Dorsoduro
Tel. 04 15 22 76 21
Hier kann man Pasta und Fisch auch im Freien genießen – mit Blick auf die Insel Giudecca. Mo, Mi geschl. ●●

■ **Alberto**
Cannaregio 5401
Calle Giacinto Gallina
Tel. 04 15 23 81 53

Venezianische Küche mit der **Spezialität sarde in saor** (Sardinen auf venezianische Art). So Ruhetag. ●

Nightlife

Teatro La Fenice
San Marco 1965
www.teatrolafenice.it
Das Fenice zählt zu den bedeutendsten Opernhäusern der Welt und wurde nach dem großen Brand von 1996 originalgetreu wiederaufgebaut. Ein Abend im Fenice zählt zu den Highlights eines Venedig-Besuchs. Karten beim Servicepunkt »Hello Venezia« (Tel. 0 41 24 24, tgl. 7.30–20 Uhr, www.hellovenezia.com)

Ausflüge in die Lagune

Das berühmte Glas aus **Murano** – wer kennt es nicht? Auf der Insel in der nördlichen Lagune kann man den Künstlern über die Schulter schauen und sich von der byzantinisch inspirierten **Basilika SS. Maria e Donato verzaubern lassen.

Weniger stark frequentiert ist die Insel *Burano, eine Wiege feiner Spitzenstickerei.

Etwas nördlicher liegt die kunsthistorisch interessante Insel *Torcello. Der älteste erhaltene Bau der Lagune, die 1008 in ihrer heutigen Form geweihte **Kathedrale Santa Maria Assunta mit überwältigenden, zum Teil noch aus dem 7. Jh. stammenden **Mosaiken, und der stilvolle Rundbau der *Basilika Santa Fosca aus dem 11./12. Jh. konnten hier ihre idyllische Abgeschiedenheit bewahren.

Bei einem Ausflug nach *Chioggia in die südliche Lagune atmet man die maritime Atmosphäre des hübschen Fischerhafens und genießt die hervorragende Küche (z.B. Aale, *anguille*).

Die Ferienorte **Bibione**, **Caorle** – mit gleich vier kinderfreundlichen Stränden mit Blauer Flagge – und **Jesolo** liegen an der Küste im Osten der Lagune mit der größten Campingzone Europas in Cavallino Treporti (http://meineadria.com); im Sommer fahren täglich Ausflugsboote von und nach Venedig.

Verkehr

Anfahrt mit Linie 41, 42 (Abfahrt Fondamente Nove) oder Diretto (ab Tronchetto) nach **Murano**, Linie LN nach Murano und **Burano** (Abfahrt Fondamente Nove Linie 12); Linie T von Burano nach **Torcello**; Juni–Sept. Direktverbindung per Schiff, Linie Clodia, nach **Chioggia** (www.hellovenezia.com).

Im Veneto

Padua

Der hl. Antonius, die altehrwürdige Universität (1222 gegr.) und die Giotto-Fresken in der Arenakapelle sind die Anziehungspunkte von Padova (210 000 Einw.). Zeugnisse des blühenden römischen Patavium sieht man im **Musei Civici Eremitani** (Di bis So 9–19 Uhr). In der Pinakothek beeindrucken Werke der großen Venezianer Giorgione, Bellini, Tizian und Tiepolo. Über das Museum gelangt man auch in die **Arenakapelle** (Cappella degli Scrovegni). Der Bankier Enrico Scrovegni gab 1305 Giotto den Auftrag für die **Fresken**: Farbenfrohe schildern sie in 37 Szenen das Leben Christi und Mariä (tgl. 9–22 Uhr, Nov.–Febr. voraussichtl. bis 19 Uhr, Eintritt inkl. Museum. Anmeldung empfohlen unter Tel. 04 92 01 00 20; www.cappelladegliscrovegni.it).

Über den Corso Garibaldi erreicht man die **Piazza della Frutta** mit dem Markt, der sich um den ab 1218 errichteten *Palazzo della Ragione* herum bis zur *Piazza delle Erbe* fortsetzt. Den Süden der Altstadt überragt die **Basilica di Sant'Antonio**, deren Bau nur ein Jahr nach dem Tod des hl. Antonius begonnen wurde. Mit dem Söldnerführer Gattamelata hoch zu Ross vor der Basilika fertigte Donatello das erste nachantike *Reiterstandbild* (1443 bis 1446). In der Basilika sind die gotischen *Fresken* von Altichiero (Cappella di San Felice), die *Grabkapelle* des hl. Antonius im linken Querschiff und die *Bronzearbeiten* Donatellos am Hauptaltar sehenswert (z.T. *in restauro*). Gleich südlich der Basilika liegt der älteste **Botanische Garten** der Welt.

Info

IAT
Galleria Pedrocchi][35137 Padova
Tel. 04 98 76 79 27
www.turismopadova.it
Infobüro auch im Bahnhof.

Hotel

Al Cason
Via Frà Paolo Sarpi 40
Tel. 0 49 66 26 36
www.hotelalcason.com
Gute Ausstattung, Restaurant mit lokalen Spezialitäten, Bahnhofsnähe. ●●

Ausflug nach Abano Terme 30

Nur wenige Kilometer von Padua erheben sich die grünen, in einem Regionalpark geschützten *Colli Euganei bis zu 600 m und bilden die Kulisse für das bekannte Kurbad **Abano Terme** und die kleinere Schwester Montegrotto Terme.

Info

IAT
Via Pietro d'Abano 18
35031 Abano Terme
Tel. 04 98 66 90 55
www.termeeuganee.it (nur Ital.)
www.parcocollieuganei.com

Aktivitäten

Mit dem Bike 68 km rund um die Euganeischen Hügel; über 20 ausgeschilderte Wanderwege erschließen die Colli (www.turismopadova.it).

**Vicenza 31

Die Stadt (114 000 Einw.) an den Monti Berici verdankt Andrea Palladio (1508–1580) ihre Berühmtheit – seine Bauten brachten dem **Centro Storico zusammen mit den herrlichen **Villen ⟩ S. 72 in der Umgebung den Titel Weltkulturerbe der UNESCO ein. Wer heute im Caffè an der *Piazza dei Signori sitzt und die **Basilika betrachtet, die Palladio als Mehrzweckgebäude plante, wird, so Goethe, »etwas Göttliches« sehen (bis 2010 *in restauro*).

Über die Hauptachse des *Corso Palladio bummelt man östlich bis zum *Palazzo Chiericati, einem weiteren Bau Palladios, heute Sitz des sehenswerten *Museo Civico (Di–So 9–17 Uhr).

Schräg links findet sich das letzte Werk des Meisters, das *Teatro Olimpico, das innen ein Wunderwerk der Architekturillusion ist (geöffnet wie Museo Civico; Sammelticket für sechs Museen). Architekturfans gewährt die Palladiocard Eintritt in sechs Palladio-Bauten, Ermäßigungen für weitere (www.palladiocard.it).

Echt gut!

Info

IAT
Piazza Matteotti 12][36100 Vicenza
Tel. 04 44 32 08 54
www.vicenzae.org.

Villen im Veneto

Wer Sinn für Muße hat, sollte wie einst die Venezianer auf dem Brentakanal von Padua nach Venedig (oder umgekehrt) fahren (Il Burchiello, Via Orlandini 3, Padova, Tel. 04 98 20 69 10, www.ilburchiello.it). An der Strecke liegen zwei berühmte Landsitze: die *Villa Pisani (auch Villa Nazionale) bei Strà aus der 1. Hälfte des 18. Jhs., ein kleines Versailles mit einem berauschenden *Freskenzyklus von Tiepolo, und die *Villa Malcontenta, die Palladio um 1560 errichtete. Weitere Villen Palladios ⟩ S. 72.

Infobüro in Vicenza auch an der Piazza dei Signori. Gute Webseite mit vielen Tipps und Angeboten.

Hotel

Giardini
Viale Giuriolo 10
Tel. 04 44 32 64 58
www.hotelgiardini.com
Nähe Teatro Olimpico; schönes Haus, renoviert, Frühstücksbuffet. ●●

Restaurant

Antica Osteria al Bersagliere
Contrà Pescaria 11
Tel. 04 44 32 35 07
Vicentiner Küche in charakteristischem Lokal. So abends und Mo Ruhetag. ●●

Ausflüge ab Vicenza
Zu den **Palladio-Villen

Lohnende Ziele in der Nähe Vicenzas sind die vollkommenen Beispiele für Renaissance-Architektur, die **Villa Valmarana ai Nani** 32 mit einem Freskenzyklus von Tiepolo (Mitte März–Nov. Di–So 10–12, 15–18 Uhr, sonst Sa/So 10–12, 14–16.30 Uhr, www.villavalmarana.com) und Palladios **Villa Rotonda** 33 (Mitte März–Nov. Mi 10–12, 15–18 Uhr, Garten Di–So).

Infos über eine **Radtour zu den Villen** unter www.vicenzae.org.

**Bassano del Grappa und *Asolo

Im malerischen **Bassano del Grappa** 34 entwarf Palladio die Holzbrücke *****Ponte Vecchio** über die Brenta. Bei der Brücke kann man **die erlesenen Grappe des Destillateurs Nardini** testen. Palazzi der Altstadt sieht man bis zur ***Piazza della Libertà** und der **Piazza Garibaldi**.

Inmitten grüner Hügel liegt unter dunkelgrünen Zypressen die Perle **Asolo** 35. Die schattigen Laubengänge der Altstadt und die umgebende Natur bilden ein bestechendes Ensemble.

Wenige Kilometer östlich steht in **Maser** mit der ****Villa Barbaro** (1560) noch ein Werk Palladios, dessen Schönheit der grandiose **Freskenzyklus von Paolo Veronese unterstreicht (April bis Juni, Sept., Okt. Di–Sa, 10–18, So, Fei ab 11 Uhr, Juli, Aug. Mo, Mi, Fr geschl., Nov.–Feb. Sa, So 14.30 bis 17 Uhr, www.villadimaser.it).

Info

IAT Bassano
Largo Corona d'Italia 35
36061 Bassano del Grappa
Tel. 04 24 52 43 51
www.vicenzae.org,
www.turismo.veneto.it

*Treviso 36

Flussauen und grüne Laubwäldchen säumen den Sile, dessen Lauf unter Naturschutz steht und in Treviso den Botteniga aufnimmt. Heiter gibt sich die wirtschaftlich erfolgreiche Industriestadt (81 600 Einw.) in ihrem mittelalterlichen Zentrum. Man trifft sich auf der **Piazza dei Signori,** die vom wuchtigen ***Palazzo dei Trecento** und vom stilvollen **Palazzo del Podestà** mit dem Stadtturm umrahmt ist. Eine volkstümliche Ecke erreicht man

Norditalien][Der Nordwesten

hinter dem Palazzo dei Trecento: die ***Pescheria** – unter Kastanien wird der lebhafte Fischmarkt abgehalten.

Man sollte an den stimmungsvollen Kanälen entlang schlendern, um dann von der Piazza dei Signori über die ***Via Calmaggiore** unter Laubengängen zum ***Dombezirk** weiterzuspazieren. Einige Schritte südwestlich steht die gotische Backsteinkirche ****San Nicolò**. Blickfang sind die ***Fresken** an den riesigen Rundpfeilern und im ***Kapitelsaal** des ehemaligen Klosters (1352).

Fresken in der Villa Valmarana

Info

IAT
Piazzetta Monte di Pieta 8
31100 Treviso][Tel. 04 22 54 76 32
http://turismo.provincia.treviso.it

Hotel

Locanda La Colonna
Via Campana 27][Tel. 04 22 54 48 04
www.ristorantelacolonna.it
Sechs schöne Zimmer in einem antiken Palazzo, mit renommiertem Restaurant und viel besuchter Enothek. ●●

Shopping

Treviso ist ideal für den **Prosecco**-Kauf, da der echte Prosecco aus der Provinz Treviso, aus Valdobbiadene, stammt.

Der Nordwesten

Das *Aosta-Tal

Das Tal ist die kleinste Region Italiens. In seiner überwältigenden hochalpinen ****Bergwelt** liegt mit dem Mont Blanc (Monte Bianco) 35 km westlich von Aosta, oberhalb von **Courmayeur,** der höchste Berg (4807 m) Europas.

**Aosta

Den Eingang der Römerstadt (heute ca. 35 000 Einw.) markiert ein ***Augustusbogen** (25 v. Chr.). Der romanische Campanile weist den Weg zur Kirche zur Klosteranlage ****Sant'Orso**. Ein Bummel zum römischen Stadttor **Porta Pretoria** und zum **Parco Archeologico del Teatro Romano** mit Resten des ***Römischen Theaters** sowie ein Spaziergang entlang der römischen ***Stadtmauern** gehören im Hauptort des Aosta-Tals zum Pflichtprogramm.

Info

UIT
Piazza Chanoux 2][11000 Aosta
Tel. 01 65 23 66 27
www.regione.vda.it/turismo
Webseite mit zahlreichen Touren für Wanderer, Bergsteiger sowie Radler; Reiterhöfen, die Ausritte anbieten, und vielen Wintersport-Ideen.

Norditalien][Der Nordwesten

Hotel

B&B Augustus
Via Sant'Anselmo 128
Tel. 34 72 25 92 92
www.bb-augustus.com
Zwei nette Zimmer und ein Apartment in einem Haus von 1700. ●

Ausflug zu Burgen und in die Berge

Zahllose Burgen säumen den Fluss Dora Baltea. Zu den schönsten zählen die Burg *Fénis 38 und das mit *Fresken ausgestattete *Kastell in **Issogne** 39 (beide März–Juni/Sept. 9–18.30 letzter Einlass, Juli/Aug. 9 bis 19.30 Uhr, Okt.–Febr. Issogne Mi, Fénis Di geschl., sonst 10–12, 13.30–16.30 Uhr, So, Fei bis 17.30 Uhr).

Südlich von Issogne, bei Pont-Saint-Martin, geht es zur wunderschönen Hochgebirgstal-Landschaft **Val di Gressoney 40.

Am **Lago Maggiore

Das milde Klima lässt am 65 km langen Gewässer mediterrane Vegetation gedeihen. Zu den schönsten Punkten gehören die Seepromenade (Lungolago) im eleganten *Stresa 41, die üppige Pflanzenwelt im **Park der Villa Taranto in *Pallanza und die drei **Bor-

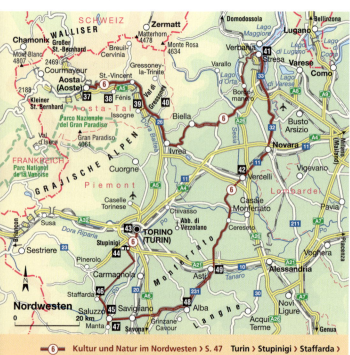

— 6 — **Kultur und Natur im Nordwesten › S. 47** Turin › Stupinigi › Staffarda › Saluzzo › Manta › Alba › Asti › Vercelli › Lago Maggiore › Aosta-Tal (Issogne, Fénis) › Aosta

romäischen Inseln. Ein Kuriosum ist die in Schiffsform gestaltete *Isola Bella mit Palazzo und exotischen Gärten, in denen weiße Pfauen herumstolzieren.

Info

Distretto Turistico dei Laghi
Corso Italia 18][28838 Stresa
Tel. 0 32 33 04 16
www.distrettolaghi.eu

Verkehr

Bootsausflüge zu den Borromäischen Inseln von Stresa aus (Infos unter www.navigazionelaghi.it)

Hotel

Hotel Royal Stresa
Viale Lido 1][28838 Stresa
Tel. 0 32 33 27 77
www.hotelroyalstresa.com
70 hübsche Zimmer mit Blick auf den See oder den herrlichen Garten, Frühstücksterrasse, Pool. April–Okt. ●●

*Vercelli 42

Am Rande des Hügellands des Monferrato liegt in der Po-Ebene die Stadt Vercelli (44 500 Einw.). Der Außenbau der sonst frühgotischen Kirche **Sant'Andrea zeigt noch romanische Tradition. Sehr empfehlenswert und gar nicht so anstrengend ist eine Fahrradtour durch die im Sommer grün leuchtenden Reisfelder um die Stadt, dem Hauptanbaugebiet für das kleine Korn in Italien.

Hotel

Hotel Giardinetto
Via L. Sereno 3][Tel. 01 61 25 72 30
www.hrgiardinetto.com

Familienbetrieb mit acht freundlich eingerichteten Zimmern in einem Palazzo des 19. Jhs. Ruhig, mit Garten, auch exzellentes Restaurant. ●●

Restaurant

Paiolo
Viale Garibaldi 72
Tel. 01 61 25 05 77
Typische Küche des Piemont,
z.B. feines Risotto. Do geschl. ●●

**Turin 43

Torino, das sich nördlich des Po erstreckt, ist die viertgrößte Stadt Italiens (über 900 000 Einw.), Hauptstadt der Region Piemont und Sitz des Fiat-Konzerns.

Im Süden liegen grüne Hügel, in weiter Ferne die Gipfel der Alpen. Die inzwischen stark von zeitgenössischer Kunst und Architektur geprägte Stadt war 2008 Design-Welthauptstadt (www.worlddesigncapital.com; Infos zu entsprechenden Spaziergängen bei Turismo Torino › S. 76).

Breite Alleen, gesäumt von insgesamt 18 km langen Bogengängen mit nüchternen Barockfassaden, prägen das homogene Stadtbild. Nirgends zeigt sich die prachtvolle Seite der Stadt mehr als auf der *Piazza Castello, die 1584 als Komplex von einheitlichen, mit Bogengängen umgebenen Bauten angelegt wurde. Auf dem Platz präsentiert sich der von Juvarra 1721 errichtete **Palazzo Madama, der römische Reste und ein mittelalterliches Kastell hinter der barocken Monumentalfassade zusammenfasst (Di–Sa 10–18, So bis 20 Uhr). Im prunk-

Norditalien][Der Nordwesten

vollen Inneren residiert das **Museo Civico d'Arte Antica** (Di–So 8.30–19.30 Uhr). Die 1668 von Guarini erbaute Theatinerkirche ****San Lorenzo** besticht durch einen grandiosen Innenraum – gleichsam eine Vergeistigung von Architektur. Weltlicher präsentiert sich hingegen der prächtige ***Palazzo Reale** an der Piazza Reale, der wie alle königlichen Residenzen der Savoyer (❯ Palazzo Madama) zum Weltkulturerbe der UNESCO gehört (Di–So 8.30–18.20 Uhr letzter Einlass).

Hinter der weißen Marmorfassade des ***Renaissance-Doms** wartet innen die berühmte Chorkapelle mit dem Turiner Grabtuch: Die ****Cappella della Sacra** Sindone verwandelte Guarini zu einem wahren Raumerlebnis.

Über die elegante **Via Roma** spaziert man zur noblen ***Piazza San Carlo** (17. Jh.) mit dem Traditions-Caffè San Carlo. 1678 errichtete Guarini den **Palazzo dell'Accademia delle Scienze,** der zwei bedeutende Museen beherbergt: die nach Kairo weltgrößte ****Sammlung Ägyptischer Kunst** (Museo Egizio, Di–So 8.30 bis 19.30 Uhr) und die ***Galleria Sabauda** (Di, Fr–So 8.30–14, Mi, Do 14–19.30 Uhr).

Echt gut!
Eindrucksvolle Panoramastrecken

- Die hochalpine Welt öffnet die **Große Dolomitenstraße.** ❯ S. 62
- An der **Riviera di Ponente** von Cervo bis Genua Voltri (mit Ausnahme Savonas) reihen sich malerische Städtchen und spektakuläre Küstenabschnitte. ❯ S. 81
- Herrliche Seeblicke ermöglichen die **Uferstraßen am Gardasee** im nördlichen Teil. ❯ S. 60
- Die Stimmung an der **Via Cassia** von Siena nach Viterbo ändert sich mit den Jahreszeiten. ❯ S. 100
- Die Panoramastraße der **Amalfiküste** zeigt sich im Winter von ihrer schönsten Seite. ❯ S. 128
- Traumhafte Meeresblicke begleiten die Fahrt an der **Küstenstraße im Cilento.** ❯ S. 131

Info

■ **IAT**
Piazza Castello 161
10121 Torino
Callcenter-Tel. 0 11 53 51 81
www.turismotorino.org
Infobüros auch im Bahnhof Porta Nuova und am Flughafen Caselle.
■ Der ChocoPass führt ins Turiner Schokoladenreich, etwa zu den berühmten Gianduiotti (www.turismotorino.org/chocopass).

Hotel

Roma e Rocca Cavour
Piazza Carlo Felice 60
Tel. 01 15 61 27 72
www.romarocca.it
Sympathischer Familienbetrieb, große, angenehme Zimmer, zentral beim Bahnhof. ●–●●

Restaurant

Alberoni
Corso Moncalieri 288
Tel. 01 16 61 54 33
Piemonteser Küche, mit Garten direkt am Po. Mo mittags geschl. ●●

Norditalien][Der Nordwesten

Nightlife

Im sog. **Quadrilatero romano** finden sich die meisten Lokale, Pubs und Enotheken mit viel Multi-Kulti. Im Sommer trifft man sich bis spät nachts an den **Murazzi**, den Mauern am Po unterhalb der Piazza Vittorio, sowie an den Boots-Lokalen in der grünen Oase **Parco del Valentino**.

Ausflug zur **Villa Stupinigi 44

Etwa 10 km südwestlich von Turin trifft man auf die herrliche Rokoko-Villa Palazzina di Caccia di Stupinigi inmitten einer großen Parkanlage, die Filippo Juvarra 1730 ursprünglich als Jagdschloss errichtete. Niemandem wird die Ähnlichkeit mit Versaille entgehen … (Schloss bis 2011 *in restauro*, Tel. 01 13 58 12 20).

**Saluzzo 45

Südlich des Po liegt die einladende Kleinstadt (16 700 Einw.) vor den Höhen des Monviso. Weithin sichtbar ragen die Kirchen- und Wohntürme der mittelalterlichen **Altstadt aus dem Umland. Enge Straßen und Treppengässchen prägen die Hauptstadt der ehemaligen Markgrafschaft.

Etwa 30 km südlich von Saluzzo kann man in **Cuneo,** dem Sitz der Provinzialregierung, die schöne Kathedrale Nostra Signora del Bosco besichtigen.

Info

IAT
Piazza Risorgimento 1
12037 Saluzzo][Tel. 0 17 54 67 10
www.cuneoholiday.com

Feiner Käse aus der Region

Hotel

Antico Podere Propano
Via Torino 75][Tel. 01 75 47 90 47
www.anticopoderepropano.it
Charmantes Country-Hotel in einem Ex-Landsitz der Markgrafen von Saluzzo. ●●

Shopping

In der Provinz Cuneo werden exzellente **Käse** hergestellt, u.a. Toma Piemontese, Raschera oder Bra. Käsetouren unter www.cuneoholiday.com.

Ausflug nach Staffarda und Manta

Entlang des Po geht es nach **Staffarda 46**, wo Zisterziensermönche 1135 die stille **Abtei Staffarda errichteten (Mo geschl.) Südlich von Saluzzo besticht in der **Burg von **Manta 47** der gotische **Freskenzyklus (März bis Sept. 10–18, Okt.–Nov., 2. Hälfte Febr. Di–So 10–17 Uhr).

*Alba 48

Die Stadt (30 600 Einw.) in den Hügeln der *Langhe verwöhnt Feinschmecker: Im Herbst gibt es

Blick auf Manarola in den Cinque Terre an der ligurischen Küste

hier weiße Trüffel, dazu den weltberühmten *Barolo-Wein. Im Oktober dreht sich alles um die heißbegehrte Knolle bei der **Fiera Internazionale del Tartufo Bianco d'Alba** (www.fieradeltartufo.org). Schön ist ein Bummel durch die mittelalterliche Altstadt.

Info

ATL Langhe-Roero
Piazza Risorgimento 2
12051 Alba][Tel. 0 17 33 58 33
www.langheroero.it

Hotels

■ **Savona**
Via Roma 1][Tel. 01 73 44 04 40
www.hotelsavona.com
Größeres, angenehmes Haus in Bahnhofsnähe; auch Apartments und Restaurant, Frühstücksbuffet. ●●

■ **Albergo San Lorenzo**
Piazza Rossetti 6
Tel. 01 73 36 24 06
www.albergo-sanlorenzo.it

Mitten im Stadtzentrum, 11 elegante Zimmer im 1. Stock eines alten Hauses, z.T. mit herrlicher Aussicht. ●●

Shopping

Enoteca Regionale del Barolo
Castello Falletti
12060 Barolo (10 km von Alba)
Tel. 0 17 35 62 77
www.barolo.net
Tgl. außer Do 10–12.30, 15–18.30 Uhr.

Aktivitäten

Entlang des Flusses Tanaro führt ein schöner 25 km langer **Radweg** um Alba. Weitere Radtouren und **Wanderwege** aller Schwierigkeitsgrade führen durch die Langhe. Karten und Fahrradverleih bei der Touristen-Info.

*Asti

Der Tanaro begleitet in das Hügelland des Monferrato. Weinberge stimmen auf Asti (74 500 Einw.) ein. Roter Barbera d'Asti und Asti Spumante sind nur zwei

Norditalien][Die ligurische Küste

Namen aus einer großen Palette. Den Höhepunkt der Weinsaison bildet das **zehntägige Fest Douja d'Or im September** (www.douja dor.it, nur Ital.).

Zentrum der mittelalterlichen Altstadt ist die **Piazza Vittorio Alfieri,** die sich wie die Flaniermeile **Corso Alfieri** nach dem in Asti geborenen Tragödiendichter (1749–1803) nennt. Mittelalterliche Wohntürme ragen aus dem Häusergewirr, ein Blick auf die Kathedrale *SS. Maria Assunta e Gottardo (um 1300) und der Besuch des romanischen Baptisteriums *Rotonda di San Pietro (Eintritt) lohnen.

Info

ATL
Piazza Vittorio Alfieri 29
14100 Asti][Tel. 01 41 53 03 57
www.astiturismo.it
www.monferrato.net

Hotel

Hotel Reale
Piazza Vittorio Alfieri 5
Tel. 01 41 53 02 40
www.hotelristorantereale.it
Seit 1793 beherbergt der alte Palazzo Gäste in seinen großen, hohen, stilvoll eingerichteten Zimmern. Freundlicher, angenehmer Service; auch Restaurant und Enothek im Haus mitten im Stadtzentrum. ●●

Restaurant

Tacabanda
Via al Teatro Alfieri 5
Tel. 01 41 53 09 99
Günstige Mittagsmenüs, Auswahl an Barbera-Weinen. Mo geschl. ●–●●

Aktivitäten

Wandern und **Biken** durch die Hügel um Asti sowie bis Nizza und Ligurien: www.winetrekking.it (nur Ital.); www.piemonteciclabile.it (Radtouren).

Die ligurische Küste

Die schmale Region, die von den Gipfeln der Seealpen bis zum Ligurischen Meer reicht, lockt mit reizenden Fischer- und Badeorten, kurvenreichen Straßen mit traumhaften Ausblicken auf das blaue Wasser hinab und der bedeutendsten Hafenstadt Italiens, Genua.

*Genua 50

Genova (610 900 Einw.), Hauptstadt und kulturelles Zentrum Liguriens, investierte als Kulturhauptstadt Europas 2004 hohe Summen für eine urbanistische Erneuerung. Die Tradition des größten Hafens und der neben Venedig bedeutendsten Seerepublik der Halbinsel personifiziert der hier geborene Cristoforo Colombo (1451–1506), der Entdecker Amerikas.

Unter den belebten **Portici di Sottoripa** kann man **in den Frittierstuben (friggitorie) schlemmen** – mit Blick auf Genuas Wahrzeichen, den 76 m hohen Leuchtturm **La Lanterna**.

Verschachtelt steigt die sanierungsbedürftige Altstadt vom *Hafen aus an. Dort steht der 1280 erbaute *Palazzo San Giorgio. Seit dem 15. Jh. war er Sitz der Bank San Giorgio, die durch Geldverleih an alle europäischen Herrscher zu Genuas Wirtschaftsblüte in der frühen Neuzeit wesentlich beitrug.

Am restaurierten Alten Hafen liegt das moderne, mit über 5000 Tieren zweitgrößte **Aquarium Europas (März–Juni, Sept., Okt. Mo–Fr 9–19.30, Sa/So/Fei 8.45 bis 20.30, Nov.–Febr. Mo–Fr 9.30 bis 19.30, Sa/So/Fei 9.30–20.30, Juli, Aug. tgl. 8.30 bis 22 Uhr; Kasse schließt jeweils 1,5 Std. vorher; www.acquariodigenova.it).

Östlich des Palazzo di San Giorgio führt die Via San Lorenzo durch das *Centro storico mit seinen charakteristischen Gassen, den *carugi*, hinauf zum 1118 geweihten **Dom San Lorenzo.

Die gestreiften Wohnhäuser der Familie Doria und ihre gotische Hauskirche *San Matteo umrahmen die *Piazza San Matteo nördlich des imposanten *Palazzo Ducale. Ein absolutes Muss ist das 1983–1990 von Aldo Rossi postmodern umgebaute **Opernhaus Teatro Carlo Felice** im Westen der Kirche San Matteo (www.carlofelice.it).

`Echt gut!`

Welchen Prunk die Genueser Adelsfamilien im 16. Jh. entfalteten, zeigt die Prachtstraße der Stadt: An der damals angelegten **Via Garibaldi reihen sich die Adelspaläste, die mit Aztekengold, das über Kaiser Karl V. in genuesische Kassen floss, finanziert wurden. Zu den schönsten Bauten zählen der *Palazzo Bianco (Nr. 11), der Palazzo Tursi (Nr. 9) und der Palazzo Rosso (Nr. 18), alle drei mit prächtiger *Ausstattung (alle Di–Fr 9–19, Sa/So 10–19 Uhr, Eintritt gültig für alle drei Palazzi, www.stradanuova.it). Auf dem Rückweg zum Hafen lädt in der ebenso prachtvollen Via San Luca die *Galleria Nazionale im Palazzo Spinola mit Werken von Antonello da Messina, van Dyck u.a. ein (Di–Sa 8.30–19.30, So/Fei 13.30 bis 19.30 Uhr, Eintritt 4 €, Sammelticket mit dem 23 Prunkräume umfassenden *Palazzo Reale, Di–Mi 9–13.30, Do–Sa 9–19, So 14–19 Uhr).

Info

Genova Informa
Piazza Matteotti][16121 Genova
Tel. 01 08 68 74 52
www.turismoinliguria.it
www.genova-turismo.it
Infobüros auch am Bahnhof, Flughafen, Kreuzfahrthafen und an der Piazza De Ferrari (beim Teatro Carlo Felice)

Ligurische Küste

Norditalien][Die ligurische Küste

Karte Seite 80

Hotel

Alexander
Via Bersaglieri d'Italia 19
Tel. 0 10 26 13 71
www.hotelalexander-genova.it
Stadthotel mit geräumigen Zimmern mit Hafenblick, Frühstücksbuffet. Hotelparkplatz, Garage, z.T. gegen Bezahlung. ●—●●

Restaurants

■ **Da Rina**
Mura delle Grazie 3r
Tel. 01 02 46 64 75
www.ristorantedarina.it
Restaurant in der Nähe des Aquariums mit guten Fischgerichten, aber auch traditioneller ligurischer Küche.
Mo und im Aug. geschl. ●●—●●●

■ **Da Maria**
Vico Testadoro 14
(Ecke Via XXV Aprile)
Tel. 0 10 58 10 80
Sehr sympathische Altstadt-Trattoria mit typischen *trenette al pesto*.
So geschl. ●

Ausflug an die **Riviera di Ponente

Palmen und Agaven, grüne Berge vor blauem Meer und barocke Kirchtürme, die in den azurblauen Himmel ragen, begleiten Reisende auf der herrlichen **Strecke an den Badestädtchen *Noli und **Finale Ligure** vorbei nach *Albenga 51, das zu einem ausgedehnten Bummel zwischen Geschlechtertürmen, frühchristlichem **Baptisterium und romanischem Dom einlädt.

Über die Urlaubsorte **Alassio, Laigueglia, Cervo, Diano Marina und Porto Maurizio** erreicht man die Blumenstadt *San Remo 52, in der sogar subtropische Pflanzen gedeihen. Das Flair der internationalen Highsociety, die im 19. Jh. hier überwinterte, ist heute nur noch in den eleganten Jugendstilbauten, wie z.B. dem 1906 errichteten Spielkasino (Casino Municipale), zu erahnen.

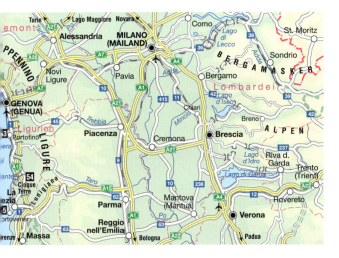

Norditalien][Die ligurische Küste

An der *Riviera di Levante

An der äußersten Spitze des Golfo del Tigullio liegt mit **Portofino** einer der berühmtesten Orte Liguriens. Trotz der vielen Touristen hat die Stadt ihren Reiz, wovon man sich bei einem kühlen Drink auf der *Piazzetta am Hafen vor den bunten Altstadthäusern überzeugen lassen kann.

Am besten reist man mit der Bahn oder mit dem Schiff in die ***Cinque Terre** (Monterosso al Mare, Vernazza, Corniglia, Manarola, Riomaggiore) – trotz Massentourismus immer noch bezaubernd schön! Zu Fuß wandert man dann von Ort zu Ort, z.B. auf dem *Sentiero Azzurro* (blauer Weg) hoch über dem Meer. Auch Mountainbiker finden schöne Routen. Weinberge – der ausgezeichnete Weißwein Cinque Terre passt gut zu Fisch – und alte Olivenbäume umrahmen die ehemaligen Seeräuberdörfer, die zusammen mit dem am nahen *Golf von La Spezia gelegenen, fotogenen Fischerdorf **Portovenere** zum UNESCO-Weltkulturerbe gehören.

Zum Baden eignen sich hervorragend **die fünf mit Blauer Flagge ausgezeichneten Strände** von *Lerici südlich von La Spezia.

Info

Ufficio Turistico
Via Roma 51
19018 Vernazza
Tel. 01 87 81 25 33
www.parconazionale5terre.it
www.cinqueterre.it

Verkehr

■ **Bahn:** Regelmäßige Zugverbindungen von Genua und La Spezia zu den Orten der Cinque Terre (www.ferroviedellostato.it)
■ **Schiff:** Wunderschöne Bootsausflüge zu den Orten am **Golf von La Spezia** (La Spezia, Lerici, Portovenere), zu den **Cinque Terre** und im Sommer auch nach **Portofino** (www.navigazionegolfodeipoeti.it). Von Portofino aus u.a. auch nach *Sestri Levante, *Rapallo, *San Fruttuoso mit seiner tausendjährigen *Abtei (www.traghettiportofino.it).

Hotel

Cà dei duxi
Via Colombo 36
19017 Riomaggiore
Tel. 01 87 92 00 36
www.duxi.it
In einer charakteristischen alten Residenz, moderner Komfort, Zimmer mit Holzbalken, manche mit Terrasse. ●●

Restaurant

La Lanterna
Via S. Giacomo 46
19017 Riomaggiore
Tel. 01 87 92 05 89
www.lalanterna.org
Auf der Terrasse speist man gleich beim Meer natürlich Fisch, als *dolce* probiert man eine in Basilikum gekochte Pannacotta. ●●●

Aktivitäten

Detaillierte Informationen zu den herrlichen **Wanderwegen** durch die Cinque Terre unter www.cinqueterre.it.

Die Fontana del Moro auf der Piazza Navona in Rom

Mittelitalien

Nicht verpassen!

- Einmal vor Botticellis Venus in den Uffizien in Florenz stehen
- In Siena auf dem Campo einen Cappuccino trinken
- Auf der Stadtmauer um Lucca herumspazieren
- Eine Münze in die Fontana di Trevi in Rom werfen
- Einen Badetag am Golf von Baratti einlegen
- Von San Marino hinunter auf die adriatische Küste blicken
- Die Spitzenweine der Toskana, Vino nobile di Montepulciano und Brunello di Montalcino, verkosten

Karte Seite 86

Mittelitalien][Touren in der Region

Zur Orientierung

Weltbekannte Kulturhighlights, klassische italienische Küche und Kilometer um Kilometer Küste: Die Mitte Italiens, die Regionen Toskana, Umbrien, Marken, Latium, Abruzzen, zwischen Tyrrhenischem und Adriatischem Meer, südlich der Po-Ebene, lassen Italien-Urlaubsträume wahr werden. Die Hauptstadt Rom, aber auch Ravenna, Florenz, Siena, Pisa, Assisi, San Gimignano und Urbino zählen längst zum UNESCO-Kulturerbe, stehen bei Besuchern der ganzen Welt auf dem Reiseplan. Doch nicht nur die Kunst, auch die Natur – wie die in Jahrhunderten von Menschenhand geformte Parklandschaft des Orcia-Tals im Süden Sienas – wurde in den UNESCO-Rang erhoben. Das einzigartige Zusammenspiel von Olivenbaum und Weinrebe, Zypresse und Schirmpinie mit etruskischer Nekropole, römischem Amphitheater, mittelalterlicher Stadtmauer und romanischer Kathedrale, gotischer Madonna, Renaissance-Fresko und Barockprunk verleiht der Mitte Italiens ihre Anziehungskraft. Felsige Badebuchten, lange Sandstrände, die Nationalparks des Apennin-Gebirges, die sanften, von duftender Macchia überzogenen Hügel, die von antiken Aquädukten geprägte römische Campagna tragen ihren Teil ebenso bei wie Michelangelo und Raffel, Botticelli und Bernini.

Das Gesamtensemble Mittelitalien zeigt die unterschiedlichsten Facetten, die sich wie in einem Kaleidoskop zu immer neuen Bildern formieren, auch wenn das Basismotiv stets die gleichen Assoziationen weckt: viel Sonne, blaues Meer, mediterrane Natur, grandiose Kultur, hervorragende Küche und dazu exzellente Weine – eben Urlaub in einer der schönsten Regionen Europas.

Touren in der Region

Baden und Kunst an der Adria

⑦ Ravenna › Rimini › San Marino › Urbino › Fano/Senigallia › Ancona › Monte Conero › Ascoli Piceno › Parco Nazionale del Gran Sasso e Monti della Laga

Dauer: 8 Tage/530 km
Praktische Hinweise:
In Ravenna sollten Sie ein Fernglas mitnehmen, um die Details der Mosaike besser sehen zu können. In den Badeorten am Meer im Hochsommer rechtzeitig buchen. Wer im Juni oder September reist, erhält bis zu 50 % Ermäßigung in den Hotels.
Im Gebirge auch im Sommer an warme Kleidung denken.

Mittelitalien][Touren in der Region

Die Tour beginnt in ****Ravenna** 〉 S. 102, der Stadt mit dem bedeutendsten spätantiken Bauwerken und Mosaiken weltweit. Nach so vielen kunstvoll gelegten Steinchen erleben Sie am zweiten Tag das Strandleben von ***Rimini** 〉 S. 103, um am frühen Abend unzähligen Menschen beim Flanieren in **San Marino** 〉 S. 103 zu begegnen. Nach einer Übernachtung in Rimini geht es in ****Urbino** 〉 S. 103, dem Geburtsort Raffaels, um die Renaissance-Kunst. An den weiten ***Sandstränden** von ***Fano** oder **Senigallia** 〉 S. 104 verbringen Sie den folgenden Tag. Am Morgen erwartet Sie wiederum große Kunst in **Anconas** 〉 S. 104 ****Museen** und die herrliche ***Aussicht** vor dem romanischen ***Dom San Ciriaco**. Zum Baden lädt am nächsten Tag der feine Sand am **Monte Conero** 〉 S. 104 ein. Von Ancona fahren Sie tags darauf über ***Loreto** 〉 S. 104 in das wunderhübsche ****Ascoli Piceno** 〉 S. 105. Den letzten Tag (oder auch mehrere Tage) verbringen Sie im ****Nationalpark Gran Sasso e Monti della Laga** 〉 S. 105, den Sie zu Fuß oder mit dem Bike erkunden.

Von Florenz nach Rom

Florenz 〉 **Certaldo Alto** 〉 **San Gimignano** 〉 **Siena** 〉 **Val d'Orcia** 〉 **Pienza** 〉 **Montepulciano** 〉 **Chiusi** 〉 **Città della Pieve** 〉 **Abbadia San Salvatore** 〉 **Orvieto mit Lago di Bolsena und Montefiascone** 〉 **Viterbo** 〉 **Rom**

San Gimignano

Dauer: 14 Tage/460 km
Praktische Hinweise:
In den großen Städten wie Rom oder Florenz bieten Hotels im Hochsommer enorme Preisnachlässe. Im Frühjahr und Herbst rechtzeitig buchen, da dies für Kulturtouristen die Hauptreisezeiten sind. Städte wie San Gimignano sind dann übervoll. Achten Sie bei Kirchenbesichtigungen auf angemessene Kleidung – gerade in Rom.

Die Hauptstadt der Toskana, *****Florenz** 〉 S. 90, lässt die Herzen von Renaissance-Fans und Modebewussten höher schlagen. Mindestens drei Tage sollte man hier verbringen. Am vierten Tag spaziert man in ****Certaldo Alto** 〉 S. 99 zum ***Palazzo Pretorio** hinauf, um nachmittags *****San Gimignano** 〉 S. 99, zu bewundern. Nach einer Übernachtung erkundet man das ****Centro Storico** von *****Siena** 〉 S. 97, mit der *****Piazza del Campo**. Meisterwerke, aber auch die Bummel-

Mittelitalien][Touren in der Region

Mittelitalien

Mittelitalien][Touren in der Region Karte Seite 86

meile Via di Città warten hier auf Entdeckung. Nach so viel Stein erholen Sie Auge und Seele am folgenden Tag in der wunderschönen Landschaft des ***Val d'Orcias › S. 100, und am Abend genießen Sie in *Montalcino › S. 100 einen der besten italienischen Rotweine, den Brunello. Die Idealstadt der Renaissance, ***Pienza › S. 100, trumpft tags darauf mit ihren Schönheiten auf, die Perle des 16. Jhs., *Montepulciano › S. 100, wieder mit einem hochkarätigen Rotwein, dem Vino nobile. Am folgenden Tag fahren Sie über die Etruskerstadt *Chiusi und das Backstein-Kleinod *Città della Pieve durch eine herrliche Hügellandschaft nach Abbadia San Salvatore › S. 100 und wandern oder biken tags darauf durch die lichten Laubwälder des ehemaligen Vulkans *Monte Amiata › S. 100. Nach so viel Natur wirkt der **Dom von **Orvieto › S. 112 am nächsten Tag wie eine in Stein gegossene Filigranarbeit. Die Etrusker und der unterhöhlte *Untergrund der Stadt auf dem Tuffhügel wollen entdeckt werden. Am nächsten Morgen reisen Sie zum *Bolsena-See › S. 113 und zur romanischen **Basilika San Flaviano nach *Montefiascone › S. 113 weiter. Wenn Sie Aal mögen, sollten Sie am See zu Mittag essen. Anschließend lädt **Viterbo › S. 112 nicht nur zur Erkundung unzähliger, immer wieder anders gestalteter Brunnen. Mindestens drei bis vier Tage müssen Sie am Ende der Tour für Italiens Hauptstadt ***Rom › S. 106 reservieren.

Im grünen Herzen Italiens

⑨ **Florenz › Arezzo › Monterchi › Sansepolcro › Gubbio › Perugia › Lago Trasimeno › Assisi**

Dauer: 8–9 Tage/325 km
Praktische Hinweise:
Am 1. Wochenende im Monat findet in Arezzo der größte Antiquitätenmarkt Italiens statt. Assisi ist zu hohen kirch-

---

⑦ **Baden und Kunst an der Adria** Ravenna › Rimini › San Marino › Urbino › Fano/Senigallia › Ancona › Monte Conero › Ascoli Piceno › Parco Nazionale del Gran Sasso e Monti della Laga

⑧ **Von Florenz nach Rom** Florenz › Certaldo Alto › San Gimignano › Siena › Val d'Orcia › Pienza › Montepulciano › Chiusi › Città della Pieve › Abbadia San Salvatore › Orvieto mit Lago di Bolsena und Montefiascone › Viterbo › Rom

⑨ **Im grünen Herzen Italiens** Florenz › Arezzo › Monterchi › Sansepolcro › Gubbio › Perugia › Lago Trasimeno › Assisi

⑩ **Küstenträume an der Via Aurelia** Versilia (Viareggio) › Lucca › Pisa › Livorno/Costa degli Etruschi mit Populonia › Maremma (mit Massa Marittima, Grosseto, Parco Regionale della Maremma, Monte Argentario) › Tarquinia › Rom

Karte Seite 86

Mittelitalien][Touren in der Region

lichen Feiertagen stets stark besucht. Achten Sie bei Kirchenbesichtigungen auf angemessene Kleidung.

Nach drei Tagen in der Hauptstadt der Toskana, dem Renaissance- und Modemekka ***Florenz** 〉 S. 90, geht es am vierten Tag weiter nach **Arezzo** 〉 S. 100. Bummeln Sie die Haupteinkaufsmeile Corso Italia hinauf, um links in der Kirche **San Francesco einen der vollkommensten **Renaissance-Freskenzyklen von Piero della Francesca zu besichtigen.

Über das kleine **Monterchi** 〉 S. 101 mit dem harmonisch durchkomponierten **Fresko der schwangeren Madonna von Piero della Francesca geht es am folgenden Tag in die Geburtsstadt des Künstlers, nach **Sansepolcro** 〉 S. 101. In der rechteckigen, noch ganz von mittelalterlichen Stadtmauern umschlossenen *Altstadt sind die **Werke Pieros im Palazzo Comunale alleine schon die Anfahrt wert. Hügelauf, hügelab reisen Sie am folgenden Tag mit schönen, weiten *Ausblicken hinüber nach Umbrien, nach **Gubbio** 〉 S. 115. Wie von Feenhand hingezaubert, erstreckt sich die vom **Palazzo Comunale überragte **Altstadt am Monte Igino, hinauf bis zum formvollendeten **Renaissance-Palazzo von Federico da Montefeltro. Gut ausgeschlafen reist man am nächsten Tag in die Hauptstadt Umbriens, nach **Perugia** 〉 S. 114. Die herausragenden Werke des hier geborenen Perugino finden Sie in der **Nationalgalerie im glanzvollen **Palazzo dei Priori. Die mittelalterlich geprägte *Altstadt erfüllen die vielen Studenten mit Leben. Am nächsten Tag locken ein Bad im *Trasimener See 〉 S. 115, ein Schiffsausflug zur stimmungsvollen *Isola Maggiore, und ein Fischessen, denn die Seefische sind wohlschmeckend.

In die Heimatstadt des hl. Franz, nach **Assisi** 〉 S. 116, reisen Sie am folgenden Morgen. Sie bestaunen nicht nur die großartigen **Fresken Giottos in der, sondern schenken auch der hübschen *Altstadt und den übrigen franziskanischen **Orten ein wenig Zeit.

Küstenträume an der Via Aurelia

🔟 **Versilia (Viareggio)** 〉 Lucca 〉 Pisa 〉 Livorno/Costa degli Etruschi mit Populonia 〉 Maremma (mit Massa Marittima, Grosseto, Parco Regionale della Maremma, Monte Argentario) 〉 Tarquinia 〉 Rom

Dauer: 8 Tage (ohne Rom)/ 450 km
Praktische Hinweise:
Für die Fahrt sollten Sie, soweit noch vorhanden, die alte Via Aurelia SS 1 statt der neuen Straße wählen. Badesachen nicht vergessen, denn das Meer liegt immer nah.
Im Hochsommer herrscht viel Verkehr an der Küste.

Der nördliche Küstenabschnitt der Toskana an der seit 241 v.Chr. bestehenden Via Aurelia ist die *Versilia > S. 96 mit ihren breiten Sandstränden vor den steilen Gipfeln der in einem Nationalpark geschützten *Apuanischen Alpen. Von **Viareggio** > S. 96 führt die Tour am zweiten Tag in die sympathische Stadt **Lucca > S. 94, wo Sie auf der schattigen Allee der Stadtmauer spazieren und sich dem **Dom und *San Michele in Foro, dem baumbestandenen **Guinigi-Turm mit seinem 360°-Rundblick und der Einkaufsmeile *Via Fillungo widmen.

Den weltberühmten ***Schiefen Turm besteigen Sie am dritten Tag in **Pisa > S. 94, beeindruckt vom weißen Marmorensemble Turm – ***Dom – ***Baptisterium auf der grünen Wiese. Anschließend spazieren Sie durch die von Studenten belebte *Altstadt.

Über die Hafenstadt **Livorno** > S. 96 fahren Sie tags darauf die *Costa degli Etruschi > S. 96 entlang. Kleine, felsige Badebuchten im ersten Teil, feine Sandstrände weiter südlich – überall lädt sauberes Wasser zum Sprung ins Meer. Am **Golf von Baratti** > S. 97 baden Sie traumhaft vor hohen Schirmpinien und etruskischen Grabhügeln. Nach einer Übernachtung sitzen Sie am nächsten Tag wie im Wohnzimmer auf der von historischen Gebäuden feierlich umrahmten Piazza Garibaldi in *Massa Marittima > S. 97, bevor Sie wieder ans Meer, hinunter

Der Schiefe Turm von Pisa

in die **Maremma** > S. 97 fahren. Einen Bade- oder Wandertag im Regionalpark, am unverbauten Strand vor duftender Macchia ist ein Erlebnis. Übernachten Sie am *Monte Argentario > S. 97, sodass Sie am nächsten Morgen die Rundfahrt um den 635 m hohen Berg mit der herrlichen *Aussicht auf die schönen Inseln des toskanischen Archipels starten können. Der sehenswerten *Altstadt von ***Tarquinia > S. 112 und den Etruskern im exzellenten **Nationalmuseum sowie ihren noch erhaltenen **Malereien in der Nekropole gilt der nächste Tag.

Bevor Sie die Hauptstadt Italiens, ***Rom > S. 106, erreichen, sollten Sie noch einmal südlich von **Civitavecchia**, bei **Santa Marinella** oder **Santa Severa,** ein Bad im Meer nehmen.

Mittelitalien][Florenz

Unterwegs in Mittelitalien

***Florenz**

Botticellis Venus, Michelangelos David und unzählige stilreine Palazzi: Keine andere italienische Stadt besitzt so viele hochkarätige Kunstschätze der Renaissance wie Firenze (365 000 Einw.). Beim Gang durch die Innenstadt fühlt man sich in ein riesiges Freiluftmuseum versetzt, Schaufenster erinnern an Museumsvitrinen.

Am Domplatz

Einen Stadtrundgang sollte man auf der **Piazza del Duomo** beginnen. Das schlichte, achteckige ***Baptisterium** Ⓐ entstand im 11. Jh. Eine intensivere Betrachtung verdienen die drei **Bronzeportale. Das Mittelportal, die sog. Porta del paradiso gegenüber dem Dom, fertigte Lorenzo Ghiberti 1425–1452. Es erzählt zehn Episoden des Alten Testaments unter Anwendung der damals neu entdeckten Zentralperspektive. Im Inneren begeistern herrliche *Mosaiken in der Apsis und der Kuppel (Mo–So 12.15–18.30, 1. Sa im Monat 8.30–13.30 Uhr).

Baumeister Arnolfo di Cambio errichtete ab 1294 eine der bis heute größten Kirchen der Welt: den **Dom Santa Maria del Fiore** Ⓑ. Niemand glaubte, dass das Wahrzeichen der Stadt, die 90 m emporragende rote *Kuppel, tatsächlich standhalten würde, als 1418 der Auftrag an Filippo Brunelleschi ging. Der geniale Architekt überwölbte einen Raum von 42 m Durchmesser mit einer Doppelschalenkonstruktion erstmals ohne stützenden Unterbau. So etwas hatte es vorher noch nie gegeben! Mit den drei kleeblattartigen Chorkapellen wurden Schubkräfte elegant abgeleitet. Der dreifarbigen Marmordekoration des Äußeren entspricht das eher nüchterne dreischiffige Innere wenig (So, Fei ab 13.30, sonst ab 10 Uhr).

Giotto entwarf 1334 den eleganten **Campanile** (Kasse tgl. 8.30–18.50 Uhr). Die Originale der wunderschönen *Reliefs sind im **Dommuseum** zu sehen, wie auch die *Pietà Michelangelos (Kasse Mo–Sa 9–18.50 Uhr, So, Fei bis 13 Uhr, www.opera duomo.firenze.it).

Das weltliche Zentrum

Vom Dom schlendert man über die Einkaufsstraße Via Calzaiuoli Richtung Piazza della Signoria. Dort ragt der hohe Turm des **Palazzo Vecchio** Ⓒ gen Himmel. 1293 begann Arnolfo di Cambio mit dem Palast der Stadtregierung *(Signoria),* den Herzog Cosimo I. im 16. Jh. zur Adelsresidenz umbauen ließ. Vasari zelebrierte im Ratssaal der Kommune, dem riesigen **Saal der 500, die Taten Cosimos in Monumentalgemälden. In den **Sälen stehen Statuen von Michelangelo, Giam-

Mittelitalien][Florenz

bologna, Donatello und Verrocchio (Fr–Mi 9–19, Do, Fei 9–14 Uhr).

Nebenan errichtete Vasari 1559/60 die ***Uffizien ❶ als Verwaltungsbau *(uffizi)* für Cosimo I., heute eine der bedeutendsten Gemäldesammlungen der Welt. Die chronologisch angeordneten Räume geben u.a. einen Überblick über die toskanische Malerei (Giotto, Botticelli, Leonardo da Vinci, Michelangelo). Und **die Uffizien rüsten sich für Neues:** Bis 2012 sollen die Ausstellungsflächen auf 6000 m² ver-

- ❶ Baptisterium
- ❷ Dom Santa Maria del Fiore
- ❸ Palazzo Vecchio
- ❹ Uffizien
- ❺ Ponte Vecchio
- ❻ Palazzo Pitti.
- ❼ Giardino di Boboli
- ❽ San Lorenzo
- ❾ Palazzo Medici-Riccardi

Mittelitalien][Florenz

Die 84 m lange Bogenbrücke Ponte Vecchio

größert und der von Arata Isozaki geplante neue Loggia-Ausgang fertiggestellt werden (Di–So 8.15 bis 18.50 Uhr, 7. Juli–29. Sept. Di bis 21 Uhr, www.polomuseale.firenze.it; Reservierung > S. 93). Die Caffeteria der Uffizien bietet von der über der Loggia dei Lanzi gelegenen **Freiterrasse einen unvergleichlichen Blick** auf die Piazza della Signoria, den Palazzo Vecchio und den Dom.

Oltrarno

Die älteste Brücke von Florenz, den ***Ponte Vecchio** **E** von 1345, säumen seit dem 16. Jh. ausschließlich Geschäfte von Gold- und Silberschmieden.

Jenseits des Arno erstreckt sich der ****Palazzo Pitti** **F**. Herzog Cosimo I. kaufte 1549 der Familie Pitti den von Brunelleschi begonnenen Bau ab und ließ ihn von Ammannati zum größten Florentiner Palazzo erweitern. In der ****Galleria Palatina** sind viele Meisterwerke zu bewundern (Di bis So 8.15–18.50 Uhr).

Wer im Grünen spazieren möchte, kann dies hinter dem Palazzo im wunderschönen, weitläufigen Barock-Park ****Giardino di Boboli** **G** tun (im Sommer 8.15–19.30, im Winter bis 16.30 Uhr, 1. und letzter Mo im Monat geschl.).

Buch-Tipp Der sympathische, etwas rundliche **Carabiniere Guarnaccia** ermittelt zumeist in diesem Viertel in den Krimis der mittlerweile verstorbenen Wahlfiorentinerin Magdalen Nabb.

Nördlich des Doms

Nette Läden liegen auf dem Weg vom Dom zu ****San Lorenzo** **H** mit den ****Cappelle Medicee.** Der Medici-Papst Leo X. gab Michelangelo 1520 den Auftrag für die ****Neue Sakristei**, das Familiengrab der Medici. Der Künstler

Mittelitalien][Florenz

schuf eine grandiose Harmonie von Skulptur und Architektur (Di–Sa, 2. und 4. Mo sowie 1., 3. und 5. So im Monat 8.15 bis 16.50 Uhr). Ein Bummel entlang den Marktständen führt zum ****Palazzo Medici-Riccardi ❶**. Cosimo de'Medici d.Ä. ließ sich von Michelozzo 1434 einen Palazzo errichten, der zum Prototyp des Florentiner Adelspalastes der Renaissance werden sollte. Über den eleganten Innenhof erreicht man die ****Cappella dei Magi** mit Fresken von Benozzo Gozzoli (Do–Di 9–19 Uhr).

Info

APT
Piazza Stazione 4][50 100 Firenze
Tel. 0 55 21 22 45
www.firenzeturismo.it
Weitere Infobüros in der Via Cavour 1 r und am Borgo Santa Croce 29 r.

Hotels

■ **Casci**
Via Cavour 13
Tel.0 55 21 16 86
www.hotelcasci.com
Kleines familiengeführtes Hotel im Centro storico; hier nächtigte schon der Komponist Gioacchino Rossini. ●●–●●●

■ **Goldoni**
Borgo Ognissanti 8
Tel. 0 55 28 40 80
www.hotelgoldoni.com
Funktionales Hotel in einem alten Palast in der Nähe der Uffizien. ●●–●●●

Restaurants

■ **Enoteca Pinchiorri**
Via Ghibellina 87
Tel. 0 55 24 27 77
Feinschmeckerlokal im Renaissance-Palast, großer Weinkeller. Reservierung empfohlen. Di, Mi mittags, So, Mo geschl. ●●●

■ **Il Latini**
Via dei Palchetti 6 r
Tel. 0 55 21 09 16
www.illatini.com
Ursprüngliche toskanische Küche in rustikalem Ambiente, schöne Weinauswahl. Mo geschl. ●●

Nightlife

Tenax
Via Pratese 46
Info-Tel. 0 55 63 29 58
www.tenax.org
Beste Disco in Florenz, häufig mit Livemusik.

Tickets in Florenz

Den Kartenvorverkauf für die Uffizien, die Galleria dell'Accademia, die Cappelle Medicee und alle anderen staatlichen Museen der Stadt mit festen Terminen erledigt gegen Gebühr die Agentur **Firenze Musei**: Tel. 0 55 29 48 83, Mo–Fr 8.30–18.30, Sa 8.30–12.30 Uhr, www.firenzemusei. it (Bezahlung per Kreditkarte); auch Ticketpoint bei der Kirche Orsanmichele, Via de' Calzaiuoli. Tickets für Konzerte, Theater u.Ä. nicht nur in Florenz bietet **BOXOL.it**: Tel. 0 55 21 08 04, www.boxol.it. Die Florentiner Museen präsentieren sich im Internet unter www.polomuseale.firenze.it

In der Toskana

Lucca 2

Eine heitere Atmosphäre *molto simpatica* erwartet Besucher in Lucca (83 200 Einw.), das bis ins 11. Jh. die Hauptstadt der Toskana war. Eine besondere Attraktion ist die vollständig erhaltene und mit Bäumen bepflanzte alte *Stadtmauer, auf der die Luccheser gerne flanieren. Der Campanile des bezaubernd schönen romanischen Doms **San Martino mit seiner reich gegliederten *Fassade ragt aus dem Häusermeer. Im Innenraum bewundert man das Kruzifix des *Volto Santo und die zarte *Ilaria del Carretto, die Jacopo della Quercia auf ihrem Frührenaissance-Grabmal mit lieblichem Gesichtsausdruck verewigte. Auf dem ehemaligen Forum erhebt sich die Kirche der freien Kommune, *San Michele in Foro, deren grandiose pisanisch-romanische **Schaufassade ebenfalls durch die Vielfalt ihrer Säulen und die dazwischen gelegten Marmorbänder glänzt.

Über die Einkaufsstraße *Via Fillungo mit ==La Cacioteca, einem der besten Käsegeschäfte der Toskana== (Nr. 242) [Echt gut] und dem schon von Puccini besuchten Traditionscaffè Di Simo (Nr. 58) spaziert man weiter zur *Piazza Anfiteatro, wo die Häuser in das Oval einer alten Arena hineingebaut wurden.

Ganz in der Nähe zeigt die romanische Kirche **San Frediano ein großartiges Himmelfahrtsmosaik an der Fassade.

Info

Infobüro
Piazza Curtatone (am Bahnhof)
55100 Lucca][Tel. 05 83 49 57 30
www.luccaturismo.it
Infobüros auch an der Piazzale Verdi und im Palazzo Ducale.

Hotel

La Luna
Corte Compagni 12
Tel. 05 83 49 36 34
www.hotellaluna.com
Kleinerer, romantischer Familienbetrieb nahe der Via Fillungo. ●●

Restaurant

Giulio
Via delle Conce 45
Tel. 0 58 35 59 48
Traditionelle Lucchesser Küche.
So u. mittags geschl. ●●

Pisa 3

Pisa war wie Genua im Mittelalter eine große Seemacht. Das Zeugnis seiner Blütezeit ist die ***Piazza dei Miracoli** (Platz der Wunder, Weltkulturerbe der UNESCO) mit dem harmonischen Ensemble aus dem 1153 begonnenen, gotisch vollendeten ***Baptisterium, dem ***Schiefen Turm *(Campanile)* und dem monumentalen Friedhof *Camposanto. Als einer der ersten Monumentalbauten des Mittelalters wurde der ***Duomo Santa Maria** 1063 unter Baumeister Buscheto begonnen. Die kreuzförmige Anlage ist aufwendig mit Marmor verkleidet und reich mit Schmuck versehen, nicht zuletzt bei der **Kanzel von Giovanni

Mittelitalien][In der Toskana

Pisano (1302–1311) (Mo–Sa Nov.–Febr. 10–13, 14–17, März bis 18, April–Sept. bis 20, Okt. bis 19 Uhr; So, Fei erst ab 13 Uhr).

Der 1173 begonnene Glockenturm, der ***Campanile,** ist eines der bekanntesten Bauwerke der Welt. Mittels Stahltrossen und der Verstärkung des Fundaments wurde er in den letzten Jahren stabilisiert, knappe 40 cm gerade gerückt und im Herbst 2001 der Öffentlichkeit wieder zugänglich gemacht (April 8–20, Juni–Sept. bis 23, Okt. 9–19, März bis 18, Nov.–Feb. 10–17 Uhr, Eintritt 15 €, Kartenreservierung: www.opapisa.it). Der Turm hatte sich nach der Errichtung des ersten Stockwerks geneigt. 1275 wagte der geniale Giovanni di Simone trotzdem den Weiterbau und korrigierte die Schieflage, indem er die höheren Stockwerke wieder ins Lot setzte. Bewundernswert ist im ***Baptisterium** die **Kanzel von Niccolò Pisano (um 1260). Der *Camposanto** bewahrt grandiose mittelalterliche Fresken, u.a. eines aus der Zeit der Schwarzen Pest (1348). Für Dom, Baptisterium, Camposanto, Dom- und Sinopienmuseum **gibt es ein günstiges Sammelticket.**

Info

APT
Piazza Vittorio Emanuele II, 16
56125 Pisa][Tel. 05 04 22 91
www.pisaturismo.it
www.visitpisa.it
Infobüros auch am Flughafen und an der Piazza Duomo.

Hotel

Royal-Victoria
Lungarno Pacinotti 12
Tel. 0 50 94 01 11
www.royalvictoria.it
Schönes, stilvolles altes Hotel, direkt am Arno im historischen Zentrum gelegen. ●●

Die schönsten Orte für Musikevents

■ Opernaufführungen in der **Arena** in Verona sind wegen der mitsingenden Italiener ein ganz besonderes Erlebnis. ❯ S. 58

■ Die **Seebühne** im Lago di Massaciuccoli in Torre del Lago gibt dem Puccini-Festival sein spezielles Flair. ❯ S. 96

■ Die weiße **Barockstadt** Martina Franca in Apulien, zwischen Bari und Brindisi, bietet den feinen Rahmen für das Festival della Valle d'Itria mit Opern und Gesang (www.festivaldellavalleditria.it).

■ Ein Konzert jeglicher Stilrichtung im neuen, von Renzo Piano geplanten **Auditorium** in Rom ist ein Erlebnis. ❯ S. 111

■ Bei den Aufführungen im Sommer im **römischen Amphitheater** in Fiesole bei Florenz sitzt man mit herrlichem Panoramablick (www.estate fiesolana.it).

■ Wirklich stimmungsvoll sind die Veranstaltungen unter den hohen Pinien in Ostia Antica. ❯ S. 111

■ In einer **Kirche ohne Dach,** unter dem Sternenhimmel, lauscht man Opern und Konzerten in der Abbazia di San Galgano, 35 km südwestlich von Siena (www.sangalgano.org).

Mittelitalien][In der Toskana

Restaurant

Osteria dei Cavalieri
Via San Frediano 16
Tel. 0 50 58 08 58
Toskanische Küche mit Fantasie.
Sa mittags und So geschl. ●●

Die *Versilia

Vor den berühmten Marmorbrüchen von Carrara und den *Apuanischen Alpen erstreckt sich die Versilia, die feine Badestrände und hohe Berggipfel charakterisieren. Ihr mildes Klima veranlasst auch im Winter viele Besucher dazu, zum Karneval nach **Viareggio** 4 zu kommen, dem mondänsten, seit der Zeit um 1900 bekannten Badeort mit schöner Strandpromenade.

Etwa 4 km südlich von Viareggio, beim Lago di Massaciuccoli in **Torre del Lago Puccini** werden im Juli und August Puccinis Opern auf einer Seebühne gespielt – ein ganz besonderes Erlebnis (www.puccinifestival.it).

 Echt gut!

Info

APT Versilia
Viale G. Carducci 10
55049 Viareggio][Tel. 05 84 96 22 33
www.aptversilia.it
www.vacanzeinversilia.com

Hotel

Hotel Plaza e de Russie
Piazza D'Azeglio 1
55049 Viareggio][Tel. 0 58 44 44 49
www.plazaederussie.com
Jugendstilperle mit Eleganz und Exklusivität direkt an der Promenade; Panoramarestaurant mit raffinierter Küche, Dachgarten. ●●●

Die *Costa degli Etruschi

Livorno 5 wurde im Mittelalter von Pisa gegründet und ist heute der wichtigste toskanische Hafen.

Südlich der Stadt folgt man der Via Aurelia entlang der Badeküste mit ihren teils felsigen, teils wunderschönen sandigen Stränden über Marina di Castagneto Carducci und den belebten Badeort San Vincenzo bis zum *Golf von Baratti nach *Populonia 6. Das Burgstädtchen lädt zum Entspannen, der Strand zum Baden ein, kulturell Interessierte finden unten am Meer *etruskische Grabhügel (Di–So ab 10 Uhr, Nov.–Feb. nur Sa, So, Fei, Eintritt).

*Massa Marittima 7 im Landesinneren konnte seine mittelalterliche *Altstadt mit der schönen Piazza Garibaldi bewahren und lockt als Ausflugsziel.

Hotels

■ **Il Sole**
Via della Libertà 43
Tel. 05 66 90 19 71
58024 Massa Marittima
www.ilsolehotel.it
Nahe der Piazza Garibaldi; 50 schöne, stilvolle Zimmer in einem mittelalterlichen Gebäude. ●●—●●●

■ **Alle Dune**
Via Milano 14
57024 Marina di Castagneto
Carducci][Tel. 05 65 74 66 11
www.alledune.com
Ein Hotel mit Clubanmutung: Apartments im Mittelmeerstil, eingebettet in einen Pinien- und Wacholderhain, breites Fitness- und Fun-Angebot, Pool, Wellnessbereich. ●—●●

Mittelitalien][In der Toskana

Die herrliche Piazza del Campo ist das Herz Sienas

Die Maremma

Südlich von **Grosseto** 8, dem Zentrum der Maremma, bietet der *Parco Regionale della Maremma Badespaß am unverbauten Sandstrand (www.parcomaremma.it).

Bei der *Rundfahrt um den *Monte Argentario 9, den drei Landzungen mit dem Festland verbinden, öffnen sich tolle *Ausblicke aufs Meer und auf die Inseln des toskanischen Archipels.

Hotels

■ **Hotel Maremma**
Via F. Paolucci de Calboli 11
58100 Grosseto][Tel. 0 56 42 22 93
www.hotelmaremma.it
Hotel in der Altstadt mit 30 Zimmern; Restaurant »Maremma« nebenan mit Küche der Region. ●●

■ **Hotel La Caletta**
Via G. Civinini 10
58019 Porto Santo Stefano
Tel. 05 64 81 29 39
www.hotelcaletta.it

Weißer Bau am Monte Argentario direkt am Meer, renovierte Zimmer, Privatstrand, Panoramarestaurant und Tauchzentrum. ●●

***Siena 10

Die Stadt (53 900 Einw.), im Mittelalter die große Rivalin von Florenz, besitzt mit der muschelförmigen *****Piazza del Campo** aus dem 13. Jh. einen der schönsten Plätze Italiens und ist mit der gesamten, in Rotbrauntönen leuchtenden ****Altstadt** Weltkulturerbe. Der Campo – Italiens erste Fußgängerzone – ist am 2. Juli und 16. August Schauplatz des Palio delle Contrade, des berühmten historischen Pferderennens.

Repräsentativ schließt der Campo an der tiefsten Stelle mit dem 1297–1342 errichteten ****Palazzo Pubblico** ab (tgl. Mitte März–Okt. 10–19, sonst bis 18 Uhr). Die **Fresken von Ambrogio Lorenzetti oder Simone Martini stammen aus dieser Zeit.

Den Bau (bis heute das Rathaus) überragt die ***Torre del Mangia** mit 102 m Höhe, Ausdruck der Macht des bis 1555 selbstständigen Stadtstaates (tgl. 10–16, Mitte März–Okt. bis 19 Uhr).

Oberhalb des Campo treffen sich drei belebte Flanierstraßen und man folgt der Via di Città hinauf. Sienesische Malerei höchster Qualität kann man in der nahen ****Pinacoteca Nazionale** im Palazzo Buonsignori betrachten, wo viele Hauptwerke aus dem 12.–16. Jh. versammelt sind (Di bis Sa 10–18, sonst 9–13 Uhr).

Nicht weit von der Pinakothek ragt der *****Dom** empor. Die von Giovanni Pisano dekorierte ****Fassade** folgt der französischen Gotik. Selbst der ****Fußboden** im prächtigen Innenraum wurde mit 56 Marmorintarsienbildern verziert (Mo–Sa ab 10.30, So, Fei ab 13.30 Uhr).

Die unvollendeten Strukturen an der rechten Seite des Doms sollten in einem gigantischen Projekt das Hauptschiff einer neuen Kathedrale bilden. Die Pest von 1348 durchkreuzte den Plan. In den fertig gestellten Teilen residiert das ***Dombaumuseum** mit einer herrlichen ***Aussichtsterrasse** (tgl. Mitte März –Sept. 9.30–20, 1. Märzhälfte und Okt. 9.30–19.30, Nov.–Febr. 10–17 Uhr; www.operaduomo.siena.it).

*Renaissancefresken zeigt das ***Spedale Santa Maria della Scala** gegenüber dem Dom mit dem ***Museo Archeologico Nazionale** und der Galerie für zeitgenössische Kunst **SMS Contemporanea** (Mitte März–Anf. Jan. 10.30 bis 18.30, sonst 10.30–16.30 Uhr).

In den Museen und Monumenten Sienas erhält man **sehr günstige Sammeltickets.**

Buch-Tipp Die Kommissarin **Laura Gottberg** ermittelt zusammen mit ihrem Seneser Kollegen Angelo Guerrini in und um Siena – in den Krimis von Felicitas Mayall erwarten Sie deutsche Aussteiger, Selbsterfahrungsgruppen und vieles mehr.

Info

APT
Piazza del Campo 56
53100 Siena][Tel. 05 77 28 05 51
www.terresiena.it
www.hotelsiena.com

Hotel

Chiusarelli
Via Curtatone 15
Tel. 05 77 28 05 62
www.chiusarelli.com
Klassizistische Villa mit 48 Zimmern, schöne Terrasse, zentral in der Altstadt gelegen. ●●

Restaurant

Osteria Le Logge
Via del Porrione 33
Tel. 0 57 74 80 13
www.osterialelogge.it
Hervorragende Sieneser Küche.
So Ruhetag. ●●–●●●

Shopping

Enoteca Italiana
Festung Santa Barbara
www.enoteca-italiana.it
Riesenauswahl an Spitzenweinen aus ganz Italien. Mo–Sa 12–1 Uhr.

Mittelitalien][In der Toskana

***San Gimignano** 🔟

Schon bei der Anfahrt überrascht der berühmte Ort mit seiner einzigartigen **Silhouette: In der hügeligen Landschaft wirken die 13 mittelalterlichen **Geschlechtertürme wie die Mini-Skyline von Manhattan. Das Städtchen ist ganz von mächtigen Mauern umgeben, und die zauberhafte Atmosphäre auf der *Piazza della Cisterna genießt man am besten in einer der Bars bei einem Glas Vernaccia di San Gimignano, dem exzellenten Weißwein. Einen Besuch des *Palazzo del Popolo und der *Collegiata (Dom) sollte man sich gönnen, auch den gratis Panoramablick von der **Rocca**.

Info

Ufficio Turistico
Piazza del Duomo 1
53037 San Gimignano
Tel. 05 77 94 00 08
www.sangimignano.com

Hotel

Leon Bianco
Piazza della Cisterna 13
Tel. 05 77 94 12 94
www.leonbianco.com
Stilvolles Haus am schönsten Platz der Stadt in einem alten Palazzo. ●●

Ausflug nach **Certaldo Alto** 🔢

Im lieblichen Certaldo Alto, schlendert man über die von roten Backsteinbauten malerisch gesäumte Via Boccaccio zum sehenswerten *Palazzo Pretorio hinauf (April–Okt. tgl. 9.30–13.30, 14.30–19 Uhr, Nov.–März bis 16.30 Uhr, Di geschl.)

Restaurant

Enoteca Boccaccio
Via Boccaccio 37
50052 Certaldo (Alto)
Tel. 05 71 66 82 77
Hier kann man für eine leckere toskanische Brotzeit einkehren. ●

Exzellente Tropfen

Das klassische Anbaugebiet des **Chianti**, des wohl berühmtesten italienischen Rotweins, liegt zwischen Florenz und Siena. Die Ursprungsbezeichnung Chianti Classico dürfen nur Weine aus der Kernregion um Greve und Gaiole führen. Die gängige Qualitätsbezeichnung ist Chianti DOCG. Doch auch viele Tafelweine *(Vino da tavola)* können sich sehen (und trinken!) lassen.

Südlich von Siena werden zwei der ganz großen italienischen Rotweine gekeltert: der **Brunello di Montalcino** und der **Vino Nobile di Montepulciano**. Beide müssen mehrere Jahre in Eichenfässern lagern und reifen so zu gehaltvollen, schweren dunkelroten Weinen, die auch lange lagern können.

Die Weißweintradition gründet im Gebiet um Orvieto mit dem trockenen **Orvieto Classico** und um Montefiascone mit dem spritzigen **Est!Est!Est!**, dessen Name der Legende nach vom deutschen Rom-Reisenden Johannes Fugger herrührt: Mit seinem Diener, der mit einem »Est!« gute Weinorte für die Übernachtung kenntlich machen sollte, ging in Montefiascone die Begeisterung durch …

Karte
Seite 86

Mittelitalien][In der Toskana

Im Orcia-Tal

Vom ***Orcia-Tal zum *Monte Amiata

In der herrlichen, UNESCO-geadelten Kulturlandschaft des **Val d'Orcia** fügen sich kleine Orte wie *San Quirico d'Orcia, *Bagno Vignoni oder das hübsche *Montalcino übergangslos ein. Verkosten Sie hier in der Enothek der *Rocca unbedingt den weltberühmten Rotwein Brunello di Montalcino.

Die Schafherden in der grünen Hügellandschaft weisen schon auf den wohlschmeckenden *Pecorino* (Schafskäse) hin, der zu **Pienza gehört wie Papst Pius II. Der hier 1405 geborene Papst wollte den Ort zum Renaissance-Juwel umbauen. Welche Pracht geplant war, lässt sich gut an der eleganten **Piazza Pio II nachvollziehen.

Der Spitzenwein Vino Nobile lockt nach *Montepulciano. In der Stadt mit kostbaren Renaissance-Palästen spaziert man von einer Weinprobierstube zur nächsten, genießt einen weiten Blick in die Landschaft und bewundert in der *Cantina del Redi die Kellergewölbe des Architekten Antonio da Sangallo d.Ä.

Während der Fahrt durch die südliche Toskana entlang der **Via Cassia hat man ihn stets im Blick: Alles überragt der waldreiche, 17388 m hohe *Monte Amiata, der zu Wanderungen und Radtouren unter schattigen Buchenwäldern, zu langobardischer Kunst in der *Abbadia San Salvatore oder auch zu den zeitgenössischen Installationen im *Giardino von Daniel Spoerri in Seggiano einlädt (www.danielspoerri.org).

Hotels

■ **Il Giglio**
Via Soccorso Saloni 5
53024 Montalcino
Tel. 05 77 84 81 67
www.gigliohotel.com
Historisches, einladendes Haus mit Restaurant und herrlicher Aussicht. ●●

■ **Il Borghetto**
Via Borgo Buio 7
53045 Montepulciano
Tel. 05 78 75 75 35
www.ilborghetto.it
Freundlicher Familienbetrieb auf den alten Burgmauern in stilvollen Räumen des 17. Jhs. ●●

■ **Relais San Lorenzo**
An der Straße zwischen Abbadia San Salvatore und Piancastagnaio
53021 Abbadia San Salvatore
Tel. 05 77 78 50 03
www.relaissanlorenzo.it

Mittelitalien][In der Toskana

Schön restaurierter Bauernhof mit geräumigen Zimmern und Suite auf 800 m Höhe, großer Park, Pool, Restaurant mit Amiata-Küche. ●●

*Arezzo 17

Von unten nach oben spaziert man in Arezzo entlang der Einkaufs- und Flaniermeile **Corso Italia** durch die von Bauten des Mittelalters und der Renaissance geprägte Stadt (97 500 Einw.). Auf halber Höhe wartet links vom Corso die Backsteinkirche ****San Francesco** mit einem der vollkommensten Zyklen von Renaissance-Fresken. Piero della Francesca, ein Meister von Licht und Fläche, malte in der ****Chorkapelle** die »Legende vom Kreuz Christi«. Nach 15-jähriger aufwendiger Restaurierung leuchten die Farben nun wieder frisch (tgl. Sommer Mo–Fr 9–18.30, Sa bis 17.30, So 13–17.30 Uhr, im Winter jeweils bis 17 Uhr; Voranmeldung Tel. 05 75 35 27 27 oder www.pierodellafrancesca.it).

Etwas weiter oben am Corso zieht einer der schönsten romanischen Bauten der Toskana, die ****Pieve di Santa Maria,** den Blick auf die drei reich verzierten Portale und die drei feinen Säulenloggien. Mittelalterliche Läden säumen den Weg zur ***Piazza Grande;** oberhalb wird sie von einem langen ***Arkadengang** abgeschlossen, den Giorgio Vasari, einer der berühmtesten Söhne der Stadt, entworfen hat. Am 1. Wochenende im Monat findet hier **der größte Antiquitätenmarkt Italiens** statt.

Im gotischen ***Dom** oben am Hügel begeistern die farbigen ***Fenster** des französischen Glasmalers Guillaume de Marcillat.

Info

APT
Piazza della Repubblica 28
52100 Arezzo][Tel. 05 75 37 76 78
www.apt.arezzo.it

Hotel

Continentale
Piazza Guido Monaco 7
Tel. 0 57 52 02 51
www.hotelcontinentale.com
Nicht selten für die Lage in der Altstadt und die schicken Zimmer gelobtes Haus mit gutem Restaurant. ●●

Restaurant

Osteria L'Agania
Via Mazzini 10
Tel. 05 75 29 53 81
Robuste Aretiner Küche (Grillfleisch). Mo geschl. ●●.
Zwei Türen weiter wartet die gleichnamige feine Vineria (nur Di–So abends). ●

Ausflug nach *Sansepolcro 18

Über **Monterchi** mit dem Fresko der ****Madonna del Parto** von Piero della Francesca (Museum tgl. 13–14 Uhr geschl.) erreicht man im Tiber-Tal **Sansepolcro.** In der schachbrettartig angelegten netten ***Altstadt** bestaunt man im ****Museo Civico** weitere herrliche ****Werke** des hier geborenen Künstlers (tgl. Mitte Juni–Mitte Sept. 9.30–13.30, 14.30–19 Uhr, sonst 9.30–13, 14.30–18 Uhr).

Mittelitalien][In der Toskana

Hotel

Fiorentino
Via Luca Pacioli 56
52037 Sansepolcro
Tel. 05 75 74 03 50
www.albergofiorentino.com
Angenehmes Hotel (●) und vorzügliches Restaurant (●—●●) mit gepflegter Regionalküche.

An der Adria und im Hinterland

Ravenna

In römischer Zeit wichtige Hafenstadt, wirkt Ravenna (153 400 Einw.), das zur Emilia Romagna gehört, heute auf freundliche Weise verschlafen. In der Spätantike war es die Hauptstadt des Weströmischen Reichs – die Gebäude aus dieser Epoche zählen zum Weltkulturerbe.

Zu den bedeutendsten byzantinischen Werken in ganz Italien gehört die 547/48 geweihte Basilika *****San Vitale**. Der achteckige Backsteinbau zieht im Innenraum jeden Besucher in Bann. Marmor und Mosaiken glänzen gleichermaßen in dem in ein inneres und ein äußeres Achteck gegliederten Raum. Die berühmtesten ****Mosaiken** der Kirche zeigen Kaiser Justinian und seine Gattin Theodora, die mit ihrem Gefolge am Abendmahl teilnehmen.

In unmittelbarer Nachbarschaft bezaubern im ****Mausoleum der Galla Placidia** (vor 450) ebenfalls schöne ****Mosaiken**. Gleich neben dem barocken **Dom** liegt das ****Battistero degli Ortodossi**, das Taufhaus der Katholiken, ein spätantiker Raum mit reichen Stuck- und Mosaik-Ornamenten (um 450).

Nach so vielen Mosaiken ist eine Steigerung kaum vorstellbar, und doch übertrifft *****Sant' Apollinare Nuovo** die Erwartungen. An den fein skulpierten Kapitellen gleitet der Blick nach oben zur Prozession der Märtyrer, zu Christus und den Jungfrauen, zur Muttergottes.

Im südlichen Stadtteil Classe faszinieren die byzantinischen ****Mosaiken** der Basilika *****Sant'Apollinare in Classe** (549 geweiht). Hier sind weitgehend Originale aus dem letzten Zyklus der ravennatischen Mosaikkunst des 6. Jhs. zu sehen. Der zylindrische ***Campanile** ist eines der Wahrzeichen der Stadt.

Info

IAT
Via Salara 8–12][48100 Ravenna
Tel. 0 54 43 54 04
www.turismo.ravenna.it
www.emiliaromagnaturismo.it

Hotel

Centrale Byron
Via IV Novembre 14
Tel. 05 44 21 22 25,
www.hotelbyron.com
Zentral, elegant und traditionsreich, gute Ausstattung. ●—●●

Restaurant

Trattoria Del Rosso
Via Augusto Righi 30
Tel. 0 51 23 67 30

Mittelitalien][An der Adria und im Hinterland Karte Seite 86

Klassische Küche der Romagna wie Tagliatelle, Lasagne, Tortellini. Kein Ruhetag ●–●●

Strände

Ravennas feinsandigen Strände wurden 2009 gleich mit sieben Blauen Flaggen ausgezeichnet.

Rimini 20

An den Lieblingsstränden deutscher und wie auch russischer Touristen liegt Rimini (138 500 Einw.). Neben Hotelburgen, Pizzerien, knalligen Eisdielen, lauten Diskos, Sandstränden und Meer im Sommer bietet es im Winter die melancholische Stimmung der Filme Federico Fellinis (1920 bis 1993). Ihm widmet sich ein Museum (Tel. 0 54 15 03 03, gratis).

Sigismondo Malatesta, Söldnerführer und Stadtherr von Rimini im 15. Jh., hinterließ mit dem *Tempio Malatestiano (San Francesco) die bedeutendste Sehenswürdigkeit (gratis).

Im Süden Riminis schließen sich fast nahtlos die Strände von **Riccione** und **Cattolica** an.

Info

IAT
Piazzale Fellini 3][47037 Rimini
Tel. 0 54 15 69 02
www.riminiturismo.it
Infobüro auch an der Piazzale Battisti 1.

Hotel

Mirabel
Via G. Dati 184][47922 Viserba
Tel. 05 41 73 81 27
www.hotelmirabelviserba.com

Die Kirche San Vitale in Ravenna

Direkt am Lungomare am pittoresken Hafen, einfache, aber angenehme Zimmer, sehr freundlich. ●

Ausflug nach *San Marino 21

Kitsch und Kommerz dominieren im Zwergstaat Repubblica di San Marino (30 000 Einw.), der sich fotogen auf dem Monte Titano erstreckt. Zwischen falschem und echtem Mittelalter spazieren Touristen aller Länder zu den Burgruinen **Guaita** und **Cesta** und genießen die schöne *Aussicht.

**Urbino 22

Oberhalb der Küste, mitten in den Hügeln der Marken, pflegt die Universitäts- und Kunststadt (138 500 Einw.) ihr Stadtbild der Renaissance. Der Geburtsort Raffaels (1483–1520) – sein Elternhaus ist Museum (So 10–13, Mo bis Sa März–Okt. 9–13, 15–19, Nov.–Feb. 9–14 Uhr) – verdankt Federico da Montefeltro einen vollendeten Profanbau der Renaissance, den ab 1468 errichteten ***Palazzo Ducale.** Innen sieht man wundervolle Säle und genießt in der **Nationalgalerie der Marken Werke von Piero della Francesca, Raffael und Barocci (Kasse Di–So 8.30–18.30, Mo 8.30–13 Uhr).

Info

IAT
Via Puccinotti 35][61029 Urbino
Tel. 07 22 26 13
www.comune.urbino.ps.it

Hotel

Valdinoce
Via Monte Avorio 46
Tel. 07 22 34 51 80
www.valdinoce.it
Netter Bio-Agriturismo mit drei rustikal eingerichteten Zimmern und traditioneller Küche der Marken. ●

Ancona

Die moderne Hafen- und Hauptstadt der Marken (102 000 Einw.) besitzt oberhalb des Ortes den romanischen *Dom San Ciriaco* mit römischen Säulen und zwölfeckiger Kuppel. Auf dem Weg vom Dom ins Zentrum passiert man das *Nationalmuseum der Marken* mit Grabungsfunden (Di–So 8.30–19.30 Uhr) und die **Pinacoteca Civica Franco Podesti** mit venezianischer Renaissance-Kunst (Di–Sa 9–19, So 10 bis 13, 16–19 Uhr).

Info

IAT
Via della Loggia][5060121 Ancona
Tel. 0 71 35 89 91
Gratis-Tel. in Italien: 8 00 22 21 11
www.turismo.marche.it

Verkehr

Fährverbindungen: Nach Kroatien, Montenegro, Albanien, Griechenland und in die Türkei (www.traghettiweb.it, www.elladeviaggi.it).

Hotel

Rosa
Piazza Rosselli 3][Tel. 07 14 13 88
www.hoteldellarosa.it
Sauberes modernes Stadthotel, zweckmäßig ausgestattete Zimmer. ●●

Restaurant

La Moretta
Piazza Plebiscito 52
Tel. 0 71 20 23 17
www.trattoriamoretta.com
Alteingesessene Trattoria. Die große Speisekarte betont regionale und lokale Spezialitäten. So Ruhetag. ●●–●●●

Strände

Für Badetage eignen sich die weiten Sandstrände nördlich im Urlaubsort **Senigallia** oder im noch ganz von römischen *Stadtmauern umgebenen *Fano sowie die herrlichen *Buchten von Sirolo und Numana unterhalb des *Monte Conero im Süden der Stadt.

Ausflug nach *Loreto

Weithin sichtbar erhebt sich die Wallfahrtskirche von Loreto aus der Ebene. Der **Santuario della Santa Casa** wurde ab 1468 von Francesco di Giorgio Martini und Bramante in klaren Renaissanceformen errichtet. Im Innenraum steht das angeblich 1294 von Nazareth nach Loreto gebrachte Geburtshaus von Maria, umman-

Mittelitalien][An der Adria und im Hinterland Karte Seite 86

telt von *Marmorreliefs im Stil der Renaissance.

Ascoli Piceno 25

Eine der schönsten Städte der Marken ist das trotz seiner Kunstschätze und der reizvollen mittelalterlichen Altstadt von Touristen kaum besuchte Ascoli Piceno (51 500 Einw.) am Tronto. Wunderschön ist die **Piazza del Popolo** mit dem aus der Periode der kommunalen Autonomie stammenden ****Palazzo dei Capitani del Popolo,** den ein romanischer Glockenturm überragt. Links schließt sich das traditionsreiche Jugendstilcaffè Meletti an, das Haus, das den berühmten Anisetta-Likör herstellt. Ein schlanker Campanile markiert die gotische Kirche *San Francesco. Der Spaziergang durch Ascoli führt weiter zur *Römerbrücke über den Tronto bei der **Porta Solestà.**

Info

IAT
Piazza Arringo 7
63100 Ascoli Piceno
Tel. 07 36 25 30 45
www.turismo.marche.it

Hotel

Villa Cicchi
Via Salaria Superiore 137
Ortsteil Abbazia di Rosara
Tel. 07 36 25 22 72
www.villacicchi.it
4 km außerhalb von Ascoli übernachtet man in einer wunderschönen, stilvoll eingerichteten Residenz des 18. Jhs. unter hohen, freskengeschmückten Decken. Park mit Pool. ●●

Restaurant

Ristorante Tornasacco
Piazza del Popolo 36
Tel. 07 36 25 41 51
Hier bekommt man regionale Spezialitäten wie die fleischgefüllten Olive ascolane. Fr Ruhetag. ●●

Die großen Nationalparks

Im Hinterland des abruzzischen Küstenabschnitts steht eine weitgehend unberührte, grandiose Bergwelt unter Schutz. Um die Gipfel von Gran Sasso (2912 m) und Monte Gorzano (2458 m) erstreckt sich der ****Parco Nazionale del Gran Sasso e Monti della Laga** 26.

Hier, wie auch im von tiefen Schluchten durchzogenen ***Parco Nazionale della Majella** 27 kommen u.a. noch Appeningämse, Appeninwölfe und noch einige wenige Braunbären vor.

Hotel

La Bilancia
Contrada Palazzo 11
65014 Loreto Aprutino
Tel. 08 58 28 93 21
www.hotellabilancia.it
Rustikaler Familienbetrieb, am Rande des Nationalparks Gran Sasso. Einfache, aber angenehme Zimmer; reichhaltiges Frühstücksbuffet; im Restaurant Küche der Abruzzen. ●

Aktivitäten

Wege zum **Wandern, Biken** und **Reiten** führen durch den Gran-Sasso-Park (www.gransassolagapark.it, nur Ital.) und den Majella-Park (www.parcomajella.it).

105

Mittelitalien][Rom

7 ***Rom 28

Caput mundi (Haupt der Welt): Seit über 2000 Jahren ist Roma Hauptstadt, zunächst des Römischen Imperiums, dann der mittelalterlichen Christenheit, heute des Vatikanstaats und Italiens. Eine einzigartige Fülle an historischen Gebäuden und Kunstschätzen aller Epochen findet sich über das zum Weltkulturerbe der UNESCO gehörende Stadtgebiet verstreut. Doch den Reiz Roms machen auch die volkstümlichen Viertel aus, der lebhafte Charakter der Römer und die sieben Hügel, die traumhafte Ausblicke über die Dächer der Stadt bieten.

Das antike Herz Roms

Die Besichtigung der 2,7-Mio.-Metropole beginnt auf der monumentalen *Piazza Venezia A, an deren Flanke das überdimensionale, gratis besteigbare *Monumento a Vittorio Emanuele II die Aufmerksamkeit auf sich zieht. Rechts davon führt eine Treppe hinauf zum **Kapitolsplatz B, wo die Akropolis Roms (der Haupttempel wurde 509 v.Chr. Jupiter geweiht) stand. Blickfang des harmonischen Platzes ist das *Reiterstandbild Kaiser Mark Aurels (2. Jh.). Das Original ist wie unzählige andere antike Skulpturen in den **Kapitolinischen Museen zu bewundern, die im Palazzo Nuovo (Nordseite) und im Palazzo dei Conservatori (Südseite) untergebracht sind (Di–So 9–20 Uhr, www.museica pitolini.org).

Die Via dei Fori Imperiali (erbaut 1931–1933) führt zum ***Forum Romanum C (tgl. ab 8.30 Uhr, Eintritt 9 € mit Kolosseum und Palatin). Basiliken, Triumphbögen und Tempel liegen verstreut auf dem Gelände, dem Machtzentrum der antiken Stadt. Einen schönen Blick hat man vom **Palatinshügel, wo die römischen Cäsaren residierten.

Roms Sonnenuntergang kann man bei einem Spaziergang unter den Schirmpinien der Via dei Fori Imperiali genießen.

Am Ende der Via dei Fori Imperiali erhebt sich das ***Kolosseum D. In der ovalen, 48 m hohen Kampfarena fanden bis zu 50 000 Menschen Platz. Ein Abstecher führt zu Kaiser Neros goldenem Palast, der *Domus Aurea E, mit hinreißenden **Fresken (z.Zt. wegen Arbeiten geschl.; Tel. 06 39 96 77 00. Warm anziehen, da nur 12 °C und hohe Luftfeuchtigkeit!). Am Ende der Via San Giovanni steht Roms Bischofskirche **San Giovanni in Laterano F. Die überwiegend barock ausgestattete Kirche bewahrt ein feines Apsismosaik und einen reich verzierten **Kreuzgang (13. Jh.; Eintritt).

Barock und große Kunst

Von der Piazza Venezia geht es über die Bummelmeile Via del Corso zur **Fontana di Trevi (18. Jh.) G. Wie auf einer Bühne beherrscht Neptun in seiner Muschel die Szenerie aus Felsen, Wasser und Pferden unter sich.

Mittelitalien][Rom

Der grandiose Blick von der Kuppel des Petersdoms auf den Petersplatz

Die weltberühmte ****Spanische Treppe** ⓗ wurde 1723–1726 als spektakulärer Aufgang zur Kirche **Santa Trinità dei Monti** angelegt. Sie führt den Pincio-Hügel hinauf zur weitläufigen Parkanlage der vorzüglich restaurierten ****Villa Borghese** ⓘ, wo die ****Galleria Borghese** mit Werken u.a. von Bernini, Raffael, Caravaggio und Tizian aufwartet (Di–So 9–19 Uhr; Anmeldung erforderlich, die Besucherzahlen sind streng limitiert; Einlass alle 2 Std., Tel. 06 32 81 01, Mo–Fr 9–18, Sa 9–13 Uhr; www.ticketeria.it). In den Seitenstraßen der **Piazza di Spagna** lohnt ein Schaufensterbummel.

Centro Storico und Trastevere

Ein vollkommenes Beispiel klassischer römischer Architektur ist das *****Pantheon** ⓙ. Den 27 v. Chr. errichteten Baukörper von 43,30 m Höhe krönt eine Kuppel von noch einmal derselben Höhe. Einzige Lichtquelle dieses klassisch schönen Raumes ist die Deckenöffnung mit 9 m Durchmesser (gratis).

Heiterkeit, Musik und Trubel herrschen bis spät in die Nacht auf der barocken ****Piazza Navona** ⓚ. Im Zentrum des ehemaligen Stadions von Domitian ragt aus dem ****Vierströmebrunnen** von Bernini ein antiker Obelisk auf. Auf dem ****Campo dei Fiori** ⓛ findet ein volkstümlicher Lebensmittelmarkt statt (Mo–Sa vormittags). **Echt gut!**

Die volkstümliche Seite Roms lässt sich auch auf einem Spaziergang nach **Trastevere** entdecken. Bars und Restaurants mit vorzüglicher römischer Küche laden zur Rast und locken an den warmen Sommerabenden auch viele Römer an. Im Herzen des Stadtteils der vielen Gässchen erhebt sich

Mittelitalien ❙ Rom

die erste Marienkirche Roms, **Santa Maria in Trastevere** ⓜ, gegründet 227, 1138 neu erbaut. Zu den Meisterwerken der Kirche zählen die *Mosaiken der Fassade und der Apsis aus dem 12./13. Jh.

Von der Piazza Navona spaziert man über die Straße der Antiquitätenhändler, die Via dei Coronari, zur von Kaiser Hadrian (76–138) errichteten *Engelsbrücke, die zehn nach Ideen von Bernini gestaltete *Engel zieren. Am anderen Ufer liegt die **Engelsburg ⓝ, die Hadrian als seine Grablege erbauen ließ. Seit dem Mittelalter diente sie als Schutzburg der Päpste (Di–So 9–19 Uhr, Abendöffnungen Anf. Juli–Ende Aug., www.castelsantangelo.com).

- Ⓐ Piazza Venezia
- Ⓑ Kapitolsplatz
- Ⓒ Forum Romanum
- Ⓓ Kolosseum
- Ⓔ Domus Aurea
- Ⓕ San Giovanni in Laterano
- Ⓖ Fontana di Trevi
- Ⓗ Spanische Treppe
- Ⓘ Villa Borghese

Mittelitalien | Rom

Karte Seite 108

Der Vatikan

Die Via della Conciliazione bildet den spektakulären Auftakt zu ***Petersplatz und ***Petersdom O. Bernini schuf 1656–1667 die vierfachen Kolonnaden des Platzes, die 140 Statuen schmücken. Die zweitgrößte Kirche der Welt (Länge 218 m, Höhe 136 m) entstand ab 1506 nach Plänen Bramantes, Michelangelos und Antonio da Sangallos d.J. über dem Grabmal des Apostels Petrus. Glanzpunkte der Ausstattung sind Michelangelos **Pietà (1. Kapelle rechts) und Berninis **Baldachin über dem Hauptaltar. Unter dem Hauptaltar wurde am 8. April 2005 Papst Johannes Paul II. beigesetzt.

- J Pantheon
- K Piazza Navona
- L Campo dei Fiori
- M Santa Maria in Trastevere
- N Engelsburg
- O Petersdom
- P Vatikanischen Museen

Mittelitalien][Rom

Der durch ein Konkordat des italienischen Staats mit dem damaligen Papst 1929 konstituierte, nur 0,44 km² große Vatikanstaat verfügt mit den ***Vatikanischen Museen** über eine der größten Kunstsammlungen der Welt (Viale del Vaticano, Mo–Sa 8.30–18, Einlass bis 16 Uhr; am letzten So im Monat 8.30–14, Einlass bis 12.30 Uhr und Eintritt frei, sonst ca. 14 €).

Neben ägyptischer Kunst im *Museo Gregoriano Egizio warten im *Museo Chiaramonti antike Werke. Im **Museo Pio-Clementino kann man antike Skulpturen wie die **Laokoon-Gruppe bestaunen. Etruskische Werke zeigt das *Museo Gregoriano Etrusco. Die weltberühmten **Stanzen Raffaels schuf dieser ab 1508. Unter den großartigen Fresken beeindruckt vor allem die **Schule von Athen.

Über Pinturicchios **Fresken im **Appartamento Borgia gelangt man zur ***Sixtinischen Kapelle. Michelangelo schuf hier ab 1508 einige seiner Hauptwerke: die **Erschaffung Adams an der Decke, das **Jüngste Gericht an der Altarwand. Auf dem Weg zum Ausgang zeigt die **Vatikanische Pinakothek Werke von Giotto, Raffael, Leonardo, Caravaggio u.a.

Info

■ **Callcenter**
Tel. 06 06 08
www.060608.it
Tgl. 9–21 Uhr; Infos zu Hotels, Restaurants, Museen, Ausstellungen etc.

■ **Infopunkte:** Piazza Pia (Castel Sant'Angelo), Via Marco Minghetti (Via del Corso), Piazza delle Cinque Lune (nördl. Piazza Navona), Via Nazionale (Palazzo degli Esposizioni), Via dell'Olmata (Santa Maria Maggiore), Piazza Sonnino (Trastevere), an beiden Flughäfen, im Bahnhof.

■ **Vatikanstadt**
Pilger- und Touristenbüro
linker Flügel, Petersplatz
Tel. 06 69 88 16 62
www.vatican.va
Deutsches Pilgerzentrum
Via del Banco di Santo Spirito 56
Tel. 0 66 89 71 97,
www.pilgerzentrum.de
Hier gibt es Karten für Papstaudienzen.

Verkehr

■ **Flughäfen: Fiumicino** (international); Züge zum/ab Roma Termini (www.ferroviedellostato.it); Busverbindungen unter www.cotralspa.it; Taxi-Festpreis € 40. **Ciampino** (inneritalienisch und Charterflüge); Anbindung ins Zentrum mit Bus (www.cotralspa.it) und Metro. Taxi-Festpreis € 30 (beide Flughäfen www.adr.it)

■ **Bahnhöfe:** Internationaler Zugverkehr über **Roma Termini** (Hauptbahnhof) und **Roma Tiburtina** (www.ferroviedellostato.it)

Hotels

■ Die **Bed & Breakfast Association of Rome** vermittelt Zimmer mit Frühstück sowie Apartments (**Via A. Pacinotti, 73 e, Tel. 06 55 30 22 48 www.b-b.rm.it**).

■ **Albergo Sole**
Via del Biscione 76
Tel. 06 68 80 68 73
www.solealbiscione.it

Sehr beliebte Pension nahe der Piazza Navona, mit Terrasse ●●–●●●
- **Hotel Contilia**
Via Principe Amedeo 81
Tel. 0 64 46 69 42
www.hotelcontilia.com
Freundlicher Familienbetrieb, Frühstücksterrasse, Nähe Bahnhof Termini. ●–●●●

Restaurants

- **Checchino dal 1887**
Via Monte Testaccio 30
Tel. 0 65 74 63 18
www.checchino-dal-1887.com
Eines der Spitzenlokale für echt römische Spezialitäten. So, Mo Ruhetag, im Aug. geschl. ●●●
- **Da Pancrazio**
Piazza del Biscione 92/94
Tel. 0 66 86 12 46
www.dapancrazio.it
Im Ristorante mit römischer Küche steht jene antike Säule, an der Cäsar am 15. März 44 v. Chr. auf seine Mörder traf. Mi geschl. ●●–●●●
- **Tram Tram**
Via dei Reti 44 (San Lorenzo)
Tel. 06 49 04 16
Römische Gerichte wie *abbacchio a scottadito* (Lammkoteletts) und *carciofi alla romana* (Artischocken). Reservieren. Mo geschl. ●●
- **Cul de Sac 1**
Piazza Pasquino 73 (Zentrum)
Tel. 06 68 80 10 94
Nettes Weinlokal mit gutem Käse und Salami. ●

Nightlife

- **Auditorium**
Viale Pietro De Coubertin
Tel. 06 80 24 14 36
www.auditorium.com
Mit dem von Renzo Piano geplanten Auditorium hat Rom seit 2002 einen einzigartigen Musikort.
- **Caffè Latino**
Via Monte Testaccio 96
Funk, Acid Jazz und Black Music – aufgelegt von den besten DJs Roms oder live. Tgl. außer Mo 22.30–3 Uhr.
- **Alexanderplatz**
Via Ostia 9][www.alexanderplatz.it
Legendärer Jazztempel mit Restaurant und Bar. Tgl. Konzerte ab 22 Uhr.

Ausflüge ab Rom

Tivoli 29

Schon seit jeher stehen die Villen der reichen Römer in Tivoli östlich von Rom. Die ***Villa d'Este** (tgl. außer Mo ab 8.30 Uhr) mit ihren schönen Wasserspielen im terrassenförmig angelegten **Garten und der **Wasserfall des Flusses Aniene im Park der *Villa Gregoriana (tgl. außer Mo ab 10 Uhr) sind die Hauptattraktionen.

Unweit davon steht die antike ***Villa Adriana** (76–138), Kaiser Hadrians prachtvolle Sommerresidenz (tgl. ab 9 Uhr).

**Ostia Antica 30

Am Tiberufer liegt die Hafenstadt des alten Rom, Ostia Antica, heute 6 km vom Meer entfernt. Auf den Spuren des Alltagslebens der Menschen schlendert man durch das Ausgrabungsgelände mit Wohnblocks, Tavernen und Thermen, die fast mehr faszinieren als das prächtige **Theater** (Kassen

Mittelitalien][Ausflüge ab Rom

Di–So im Sommer 8.30–18, im Winter 8.30–16 Uhr), in dem es sich besonders schön bei **Konzerten und Theateraufführungen** sitzt (Programm/Termine unter www.ostiaantica.net/events.php).

Latium und Umbrien

Viterbo ③①

Der Lage an der **Via Cassia verdankte auch das mittelalterliche Viterbo (62400 Einw.) seinen wirtschaftlichen Aufschwung und damit seine bedeutenden Architekturdenkmäler. An der Piazza San Lorenzo dominiert der mächtige, fein verzierte *Campanile die unscheinbare Renaissance-Fassade des Doms *San Lorenzo. Luftig und leicht wirkt die gotische *Loggia neben dem romanischen Körper des *Papstpalastes.

Bis heute prägen die Paläste und Straßenzüge des 13. Jhs. die Altstadt, etwa die wunderschöne **Via San Pellegrino. Anbauten, Bogengänge, Wohntürme und Erker – man weiß gar nicht, welches Detail man zuerst bewundern soll. Wer durch die Gassen bummelt, wird auch unzählige Brunnen entdecken, einen der schönsten, die *Fontana Grande, an der gleichnamigen Piazza.

Info

IAT
Via Romiti 8 (im Bahnhof Porta Romana)][01100 Viterbo
Tel. 07 61 30 47 95
www.tusciainforma.it

***Tarquinia** ③②

In der alten Etruskerstadt (heute 16400 Einw.) streift man auf dem Hügel durch das mittelalterliche *Viertel um den **Palazzo dei Priori** und weiter zur Kirche *Santa Maria di Castello. Im *Renaissance-Palast Vitelleschi sind die **Geflügelten Pferde im **Museo Nazionale Tarquiniense zu bewundern (Di–So 8.30 bis 19.30 Uhr). Die etruskische ***Nekropole östlich der Stadt birgt antike Figurenfriese und **Wandmalereien in 150 Grabkammern (Di–So 8.30–19.30, im Winter bis 14 Uhr).

Info

IAT
Piazza Cavour 23][01016 Tarquinia
Tel. 07 66 84 92 82
www.tarquinia.net

Hotel

Locanda di Mirandolina
Via del Pozzo Bianco 40/42
01017 Tuscania
Tel. 07 61 43 65 95
www.mirandolina.it
Winziges Hotel im mittelalterlichen Städtchen Tuscania (27 km von Tarquinia) mit sehr guter italienischer Küche. **Ein Kleinod für Liebhaber des Italian Way of Life.** ●

Orvieto ③③

Die Stadt (61000 Einw.) liegt auf einem mehr als 100 m steil aufragenden Tuffsteinfelsen über dem Pagliatal, optisch beherrscht vom gotischen **Dom, der mitten in der belebten *Altstadt prangt. Lorenzo Maitani aus Siena verwirkliche als Baumeister im 14. Jh. die reich gegliederte **Fassade. In der **Cappella di San Brizio im Inneren erweist sich Luca Signorelli mit dem Freskenzyklus »Das Ende der Welt« (1499 bis 1504) als einer der Vorläufer Michelangelos.

Ab dem 7. Jh. v.Chr. lebten hier die Etrusker. Relikte ihrer blühenden Kultur besitzen das *Museo Claudio Faina vis-à-vis vom Dom (tgl. April–Sept. 9.30–18, Okt. 10–17, Nov.–März Di–So 10–17 Uhr) und das *Museo Archeologico Nazionale hinter dem Dom (tgl. 8.30–19.30 Uhr).

Info

IAT
Piazza Duomo 24][05018 Orvieto
Tel. 07 63 34 17 72
www.regioneumbria.eu

Hotel

Hotel Reale
Piazza del Popolo 27
Tel. 07 63 34 12 47
www.orvietohotels.it
Stilvolles Hotel in einem Palast aus dem 16. Jh.

Restaurant

Antica Trattoria dell'Orso
Via della Misericordia 18
Tel. 0 63 34 16 42
Angenehmes Lokal mit umbrischen Spezialitäten. Mo/Di geschl. ●●

Aktivitäten

Orvieto Underground
Piazza Duomo 23
Tel. 07 63 34 48 91
www.orvietounderground.it

Unterirdische Brunnen versorgten einst Orvieto mit Wasser

Eindrucksvolle geführte Spaziergänge durch den schon von den Etruskern unterhöhlten Untergrund Orvietos.

Ausflug zum *Bolsena-See 34

Eine liebliche Landschaft bietet die Gegend um den Lago di Bolsena, dazu kommen etruskische Ausgrabungen und frühchristliche *Katakomben in der Kirche *Santa Cristina im freundlichen *Bolsena am nordöstlichen Ufer.

*Montefiascone am Südufer des Sees lockt mit der romanischen **Basilika San Flaviano und dem spritzigen Weißwein Est!Est!Est! (> S. 99).

Restaurant

Trattoria Il Moro
Piazza Dante 5
01023 Bolsena
Tel. 07 61 79 88 10
www.trattoriadelmoro.it
Wunderschönes, auf Pfählen in den See gebautes Restaurant mit der Spezialität *anguilla* (Aal) *alla Vernaccia*. ●●

Mittelitalien][Latium und Umbrien

Der Palazzo dei Priori und die Fontana Maggiore in Perugia

Perugia 35

Umbriens Hauptstadt (163 300 Einw.) erhebt sich auf 493 m über der hügeligen Landschaft. Auf Rolltreppen gelangt man in eine Stadt unter der Stadt: Das ganze *Viertel der Baglioni, der bis 1540 herrschenden Familie, musste der päpstlichen Festung Rocca Paolina weichen. Man spaziert durch die ehemaligen Gassen hinauf ans Tageslicht zum *Corso Vannucci, der Flaniermeile, wo Studenten eine entspannte Atmosphäre schaffen. Wie wär's mit Kaffee – pardon, caffè und dolci bei Sandri (Nr. 32) – die Auslagen des Traditionshauses sind kalorienschwer …

Der Corso mündet in die *Piazza IV Novembre. Im Zentrum steht hier die **Fontana Maggiore, ein 1277 von Niccolò und Giovanni Pisano errichteter, über einen Aquädukt gespeister Brunnen. Der imposante, etwa zeitgleich errichtete **Palazzo dei Priori dominiert die Südseite des Platzes. Die *Sala dei Notari (gratis), der nussgetäfelte *Collegio della Mercanzia und der **Collegio del Cambio (Eintritt zusammen 5,50 €) mit fantasievoll gekleideten Heroen des Malers Pietro Vannucci, genannt Perugino, zeigen den Prunk des Palazzo.

An der Längsseite befindet sich der Zugang zur **Galleria Nazionale dell'Umbria. Die chronologisch angeordnete Sammlung gibt einen Überblick über die umbrische Malerei und Skulptur vom 13. bis ins 18. Jh. Herausragende Künstler wie Arnolfo di Cambio, Perugino und Pinturicchio sind neben Piero della Francesca und Luca Signorelli Glanzpunkte der Sammlung (Di–So 8.30 bis 19.30 Uhr). Nach der Besichtigung laden die Treppenstufen des *Doms San Lorenzo zu einer Pause ein.

Mittelitalien][Latium und Umbrien

Karte Seite 86

Info

IAT
Piazza Matteotti 18
06100 Perugia
Tel. 07 55 73 64 58
http://turismo.comune.perugia.it
www.regioneumbria.eu

Hotel

Locanda della Posta
Corso Vannucci 97
Tel. 07 55 72 89 25
www.locandadellaposta.com
Schon Goethe nächtigte 1786 in diesem stilvollen Haus. ●●●

Restaurant

Cesarino
Piazza IV Novembre 5
Tel. 07 55 72 89 74
Typische Trattoria mit umbrischer Küche, im Zentrum. Mi Ruhetag. ●–●●

Aktivitäten

Rund 30 wunderschöne **Radtouren** aller Schwierigkeitsgrade durch Umbrien mit der nötigen Infrastruktur findet man auf der Webseite www.bikeumbria.it.

Ausflug nach **Gubbio** 36

Eine reizvolle Fahrt mit Ausblicken über Hügelketten führt nach Gubbio, einer mittelalterlichen Bilderbuchstadt am Monte Ingino mit verschachtelter Häuserlandschaft. Aus dem Ensemble ragt der fotogene ****Palazzo dei Consoli** heraus. Ein Bummel durch die Altstadt führt zu Dom und ****Palazzo Ducale,** der 1474 für Federico da Montefeltro angelegten Residenz.

Hotel

San Marco
Via Perugina 5
06024 Gubbio][Tel. 07 59 22 02 34
www.hotelsanmarcogubbio.com
Stilvoll eingerichtete, geräumige Zimmer in alten Gemäuern im Zentrum, Garten und charakteristisches Restaurant. ●●

Ausflug zum *Lago Trasimeno 37

Allen, die Lust auf Natur und ein kühles Bad haben, sei ein Abstecher zum Trasimener See empfohlen. Sanfte Hügel umrahmen den fischreichen, seichten See, mit 128 km² das viertgrößte Gewässer Italiens. Vom netten **Castiglione del Lago** am Westufer oder dem näheren **Tuoro** im Norden lohnt sich eine Schifffahrt zur Isola Maggiore (Fahrplan: www.apmperugia.it/canale.asp?id=27). Der idyllische Fußweg rund um die Insel führt direkt am Wasser entlang.

Info

IAT del Trasimeno
Piazza Mazzini 10
06061 Castiglione del Lago
Tel. 07 59 65 24 84
www.regioneumbria.eu

Hotel

Miralago
Piazza Mazzini 6
06061 Castiglione del Lago
Tel. 0 75 95 11 57
www.hotelmiralago.com
Helle, angenehme Zimmer im Zentrum in einem schön restaurierten alten Haus, Restaurant mit Seeterrasse. ●●

Mittelitalien][Latium und Umbrien

****Assisi** 38

Wer vom Tal aus zum Wallfahrtsort (27 300 Einw.), der Stadt des hl. Franziskus, anreist, hebt unwillkürlich den Blick zu den »ungeheuren Substruktionen der babylonisch übereinander getürmten Kirchen, wo der heilige Franziskus ruht«, wie Goethe das Kloster *****San Francesco** beschrieb. Bereits einen Tag nach Franziskus' Heiligsprechung am 17. Juli 1228 wurde mit der Errichtung des Gebäudekomplexes begonnen. Der Bau besteht aus der Unterkirche und der Oberkirche. Dahinter schließt sich das Kloster an, und davor steht der mächtige romanische ***Glockenturm.**

Die untere ****Pilgerkirche** besitzt ****Fresken** aus dem späten 13. Jh. Die neoromanische Krypta birgt das Grabmal des Heiligen. Über den anmutigen Kreuzgang gelangt man in die ****Oberkirche.** Ein Hauptwerk mittelalterlicher Wandmalerei sind die ****Fresken von Giotto.** Unter den biblischen Szenen im Längsschiff ließ der Orden die Lebensgeschichte des Gründers malen.

Ins mittelalterliche Assisi bummelt man über die Via San Francesco. Die Piazza del Comune beherrscht die Kirche ***Santa Maria sopra Minerva,** deren Portikus zu einem römischen Tempel gehört. Man entdeckt Kunstschätze wie die romanische ***Fassade** des Doms **San Rufino** und den Ordensbau der Klarissinnen, die Kirche ****Santa Chiara** mit dem Grabmal der Heiligen Klara in der neugotischen Krypta. 1226 starb Franziskus in der Portiuncula, heute ****Santa Maria degli Angeli,** unterhalb von Assisi.

Info

STA
Piazza del Comune 22
06081 Assisi][**Tel. 0 75 81 25 34**
www.regioneumbria.eu

Hotel

Windsor-Savoia
Viale Marconi 1][**Tel. 0 75 81 22 10**
www.hotelwindsorsavoia.it
Gepflegtes Haus, tolle Aussicht.
●●–●●●

Shopping

Umbrien ist für sein exzellentes Olivenöl DOP bekannt, besonders in der Valle d'Umbria zwischen Assisi und Spoleto. Direktverkauf bei den Olivenbauern (www.stradaoliodopumbria.it).

Ausflug nach **Spello 39

In der Nähe von Assisi zieht sich malerisch die rot-weiß glitzernde Travertinstadt Spello den Hügel hinauf. Die mittelalterlichen Gebäude, römischen ***Stadttore** und die ****Renaissance-Fresken** von Pinturicchio in S. Maria Maggiore laden zur Erkundung ein (tgl. 8.30–12.30, 15–19 Uhr, gratis)

Info

Pro loco
Piazza Matteotti 3][**06038 Spello**
Tel. 07 42 30 10 09
www.regioneumbria.eu

Fischerhafen von Procida im Golf von Neapel

Süditalien

Nicht verpassen!
- In Neapel eine Pizza Margherita essen
- Sich bei einer Bootsfahrt um Capri vom Meer bezaubern lassen
- Von Castel del Monte das Panorama über die Murge genießen
- Die Panoramastraße an der Amalfiküste entlangfahren
- Den abendlichen Corso in der Altstadt von Tropea mitmachen
- Am weiten Sandstrand der Baia Verde bei Gallipoli baden

Zur Orientierung

Sonne, Sand, Meer und antike Größe: Der Süden Italiens lockt zu Kultur- und Strandurlaub in eine mediterrane Landschaft, »wo die Zitronen blühn«, wo Olivenbaum und Weinrebe seit der Antike zu Hause sind. Chaotisch, laut, voller Lebenslust und mit überschwänglicher Herzlichkeit empfängt Neapel seine Besucher in einem – manchmal im wörtlichen Sinne – atemberaubenden Centro storico, das bereits 2500 Jahre Geschichte erlebt hat. Antike zum Anfassen, Alltag und Kunst vor Christi Geburt bieten Pompeji, Herkulaneum und Paestum, die Bronzekrieger in Reggio di Calabria, der Goldschmuck in Tarent. Weltberühmte Naturlandschaften wie die Amalfiküste oder Capri, der weniger bekannte Cilento, die Badeparadiese Apuliens, Gargano und Salento, einzigartige Kulturzeugnisse wie die Trulli in Alberobello und die Höhlenwohnungen in Matera, verspielter Sandsteinbarock in Lecce, die schönsten romanischen Kathedralen in Bari und Trani und vieles mehr wartet in der Region, die vom Tyrrhenischen, dem Ionischen und dem Adriatischen Meer umspült wird. Und über dem ganzen Süden schwebt das Genie des deutschen Kaisers Friedrich II., der dem Land mit Castel del Monte eine bis heute unnachahmliche steinerne Krone aufgesetzt hat.

Touren in der Region

Von Neapel bis zur Stiefelspitze

> ⑪ **Neapel** › **Capua** › **Caserta** › **Benevent** › **Neapel** › **Herkulaneum** › **Pompeji** › **Sorrent** › **Amalfiküste** › **Salerno** › **Paestum** › **Cilento** › **Tropea** › **Reggio di Calabria**

Dauer: 14 Tage/925 km
Praktische Hinweise:
Für die Besichtigung der Kirchen an angemessen Kleidung denken. Im Hochsommer an der Amalfiküste rechtzeitig buchen. In den Altstädten, v.a. in Neapel, sollte man Wertsachen, Kameras und Geld vor Taschendieben hüten.

Die ersten drei Tage gehören ***Neapel** › S. 122, das sich wunderschön am gleichnamigen Golf mit dem Vesuv im Hintergrund erstreckt. Hochkarätige Museen, glanzvolle Kirchenbauten im Gewirr der Altstadtgassen und mächtige Burgen lohnen den Aufenthalt. Am vierten Tag fahren Sie nach *****Capua** › S. 127 zum berühmten *****Brückentor** Friedrichs II., bevor Sie der Pracht und dem Glanz des süditalienischen Königshauses in **Caserta** › S. 128 begegnen. Vorbei an Büffeln, die Milch für Mozzarella liefern,

Süditalien][Touren in der Region

kommt man nach ***Benevent** > S. 128, wo man nach einer Übernachtung die römischen und langobardischen Wahrzeichen der Stadt besichtigen und zwischen den eigenwilligen Skulpturen im Hortus Conclusus spazieren geht. Dann geht es zurück nach Neapel, denn den sechsten und siebten Tag sollte man der Antike widmen: Den beim Vesuv-Ausbruch 79 n. Chr. verschütteten Städten *****Herkulaneum** und *****Pompeji** > S. 127.

Der spektakulären Landschaft um ***Sorrent** > S. 129 und an der *****Amalfiküste** > S. 128 gehören die beiden folgenden Tage, und einen weiteren Tag sollten Sie sich Zeit nehmen für einen Bootsausflug nach ****Capri** > S. 126.

Nach einer letzten Übernachtung an der Amalfiküste geht es nach ***Salerno** > S. 130, von wo Sie zu den sehr gut erhaltenen Tempeln in *****Paestum** > S. 130 aufbrechen. Von so viel geballter antiker Präsenz erholen Sie sich tags darauf im Naturpark *****Cilento** > S. 131 bei einer Wanderung oder beim Baden. Am Folgetag fahren Sie die kalabresische Küste entlang bis zum schönsten Städtchen der Region, ***Tropea** > S. 131. Hier baden Sie am rosa Strand und stürzen sich ins sommerliche Nachtleben. Den letzten Tag reisen Sie an teilweise wunderschönen Küstenabschnitten über **Bagnara** und ***Scilla** hinunter fast bis zur Stiefelspitze, nach **Reggio di Calabria** > S. 134, um die einzigartigen ****Bronzekrieger** zu bewundern.

Zwischen Adria und Ionischem Meer

⑫ Gargano (Vieste) > Castel del Monte > Trani > Bari > Marina di Ostuni > Castellana Grotte > Alberobello > Lecce > Otranto > Gallipoli > Tarent > Castellaneta Marina > Matera

Dauer: 12–14 Tage/850 km
Praktische Hinweise:
Denken Sie bei den Kirchen an geeignete Kleidung. Wer im Trullo oder in einer Masseria übernachten möchte, sollte im Sommer rechtzeitig buchen. Im Juni und September sind die Preise bis zu 50 % niedriger. In den Altstädten, v.a. in Bari, sollte man Wertsachen und Geld nicht offen zeigen. Badesachen nie vergessen, das Meer ist immer nah.

Beginnen Sie die Tour mit einem oder mehreren Badetagen an den langen Sandstränden vor ausgedehnten Kiefernwäldern des bis zu 1055 m hohen ***Gargano** > S. 135 ganz im Osten. In ***Vieste** > S. 136 muss man in Sommernächten einfach in der ***Altstadt** flanieren. Am folgenden Tag bestaunen Sie das Burgjuwel *****Castel del Monte** > S. 135, um sich dann in ****Trani** > S. 135 von der im Sonnenlicht glänzenden ****Kathedrale** blenden zu lassen. In ****Bari** > S. 134 warten großartige Romanik in der verwinkelten ***Altstadt**, in der Neustadt elegante Italienerinnen beim Einkaufen und bis spät nachts Hunderte Menschen beim belieb-

Süditalien][Touren in der Region

ten Corso auf der *Piazza Mercantile. Am folgenden Tag entspannen Sie sich in **Marina di Ostuni** › S. 136 am langen Strand. Nach einer Übernachtung besichtigen Sie am Vormittag in **Castellana Grotte** › S. 136 die spektakuläre **Karstgrotte, bevor Sie sich am Nachmittag von den märchenhaften Trulli in ***Alberobello** › S. 136 überraschen lassen. Das Ziel des nächsten Tages liegt auf dem **Salento** › S. 138, Italiens Absatz: das Barock-

11

Von Neapel bis zur Stiefelspitze Neapel › Capua › Caserta › Benevent › Neapel › Herkulaneum › Pompeji › Sorrent › Amalfiküste › Salerno › Paestum › Cilento › Tropea › Reggio di Calabria

12

Zwischen Adria und Ionischem Meer Gargano (Vieste) › Castel del Monte › Trani › Bari › Marina di Ostuni › Castellana Grotte › Alberobello › Lecce › Otranto › Gallipoli › Tarent › Castellaneta Marina › Matera

Süditalien | Touren in der Region

Karte Seite 120

Highlight ****Lecce** › S. 138 mit seinen verspielten Fassaden. Beim Ausflug nach ****Otranto** › S. 138 und ****Gallipoli** › S.138 lässt sich je ein Tag mit Kunst und Baden kombinieren.

Anschließend finden Sie in ***Tarent** › S. 137 den ****Goldschmuck** bestimmt noch genauso schick wie einst die griechischen Trägerinnen. An der Riva dei Tessali in **Castellaneta Marina** › S. 137 können Sie dann zwischen Relaxen am Strand oder aktivem Wassersport wählen, und der letzte Tag der Tour gehört der einzigartigen Wohnkultur der *****Sassi von **Matera** › S. 137.

Verkehrsmittel

■ **Neapel, Herkulaneum, Pompeji** und die **Amalfiküste** besucht man am besten mit der Circumvesuviana-Bahn (www.vesuviana.it) oder dem Bus (www.sitabus.it/wps/portal/OrariCampania).

■ Die **Küstenstädte Kampaniens** oder **Apuliens** sind gut und preiswert per Zug erreichbar (www.ferroviedellostato.it, www.ferrovienordbarese.it, www.fseonline.it).

■ Für die Besichtigung des **Hinterlandes** ist ein Auto zu empfehlen, aber auch mit dem Bus erreicht man alle Orte.

Unterwegs in Süditalien

***Neapel ❶

Napoli, Hauptstadt Kampaniens und bis 1860 Hauptstadt des süditalienischen Königreichs, ist auch heute noch wichtigstes Zentrum des Mezzogiorno.

Sehenswürdigkeiten

Hinter der 169 m langen Fassade, die sich zur ***Piazza del Plebiscito** hinwendet, birgt der ***Palazzo Reale Ⓐ,** errichtet 1600–1602, prachtvolle Räume (tgl. außer Mi 9–19.30 Uhr).

Gegenüber dem Teatro San Carlo schlendert man durch die imposante ****Galleria Umberto I Ⓑ**, eine gigantische überglaste Passage des 19. Jhs. Östlich am Meer erreicht man das ****Castel Nuovo Ⓒ** (1279). Der ***Triumphbogen** erinnert an den Einzug von König Alfonso 1443. Durch das Gassengewirr der Altstadt steigt man hinauf zur belebten ***Piazza Gesù Nuovo** und der Kirche ****Santa Chiara Ⓓ** (1310) mit dem ***Sarkophag König Robert von Anjou**. In die Festlichkeit des 18. Jhs. führt neben der Kirche der herrliche ****Majolika-Kreuzgang** (Eingang Via S. Chiara; www.santachiara.info).

*Spaccanapoli nennen sich die schnurgeraden, hier beginnenden Vie Benedetto Croce und San Biagio dei Librai – pittoreske Flaniergassen. Über die Via Gregorio Armeno, die im Advent überfüllte

Süditalien][Neapel

In Neapel spielt sich das Leben im Freien ab

Straße der *Krippen-Ausstatter, erreicht man **San Lorenzo Maggiore** ❺ mit barocker Fassade und einem französisch beeinflussten Chorumgang; italienische Gotik prägt das Langhaus.

Von der Gotik bis in den Spätbarock reicht die Ausstattung des **Doms** ❻. In der *Cappella del Tesoro di San Gennaro, würdevoll in Marmor und Silber gehalten, verflüssigt sich am 1. Mai und am 19. September das in zwei Phiolen aufbewahrte Blut des Heiligen – falls nicht, droht Neapel Unglück.

Die **Piazza Bellini** ❼ in der Altstadt ist Symbol für den kulturellen Aufbruch Neapels Mitte der 1990er-Jahre. Um das Standbild des Opernkomponisten Vincenzo Bellini gruppieren sich beliebte Caffès und Bars.

Im ***Museo Archeologico Nazionale** ❽ sind bedeutende römische Kopien griechischer Statuen wie der **Doryphoros von Polyklet (5. Jh. v. Chr.), der *Herkules Farnese von Lysipp (4. Jh. v. Chr.) und der 4 m hohe *Farnese-Stier zu sehen. Zu den schönsten Preziosen gehört die *Farnese-Tasse (2. Jh. v. Chr.), ein ägyptisches Stück aus Achat. Das 3,4 m x 5,9 m große Mosaik aus Pompeji mit der **Schlacht Alexanders gegen Perserkönig Dareios und die **pompejanischen Wandmalereien sind weitere Glanzstücke (tgl. außer Di 9 bis 19.30 Uhr, www.marketplace.it/museo.nazionale).

Neapels zweite Sammlung von Weltruhm ist die **Galleria di Capodimonte** ❶ im *Palazzo Reale di Capodimonte.** Renaissance-Künstler wie Bellini, Tizian, Correggio, Raffael und Michelangelo sind ebenso vertreten wie Brueghel und Cranach. Herausragende Werke wie die von Giuseppe De Nittis zeigt die Abteilung

Süditalien][Neapel

des 19. Jhs. Eine *Porzellansammlung vervollständigt das Museum (Do–Di 8.30–19.30 Uhr, www.museo-capodimonte.it).

Den Hügel des Vomero krönt das 1329 errichtete und dann im 16. Jh. sternförmig erneuerte **Castel Sant'Elmo** J. Unterhalb steht ein großer Museumskomplex: das 1325 begonnene einstige Kartäuserkloster **Certosa di San Martino** K. Dessen Kirche ist ein überwältigendes Beispiel neapolitanischen Barocks (Do–Di 8.30–19.30 Uhr, http://smartino.napolibeniculturali.it).

Sehenswerte Ausstellungen von zeitgenössischer Kunst gibt es im **Palazzo delle Arti** L (www.palazzoartinapoli.net). Von hier ist es nicht weit ins Fischerviertel *Borgo Marinaro bei der Seefestung **Castel dell'Ovo** M oder ins In-Viertel **Santa Lucia.**

Info

■ UIT

**Via San Carlo 9][Tel. 0 81 40 23 94
80100 Napoli][www.inapels.it**
Infobüros auch an der Piazza del Gesù und in der Via Santa Lucia 107.

- A Palazzo Reale
- B Galleria Umberto I.
- C Castel Nuovo
- D Santa Chiara
- E San Lorenzo Maggiore
- F Dom
- G Piazza Bellini
- H Museo Archeologico Nazionale
- I Galleria di Capodimonte
- J Castel Sant'Elmo
- K Certosa di San Martino
- L Palazzo delle Arti
- M Castel dell'Ovo

Süditalien][Neapel

Karte Seite 125

Neapel

Echt gut! Mit der **Campania ArteCard** sind in Neapel und/oder Kampanien Eintritt in Museen und Ausgrabungen sowie die Benutzung der Verkehrsmittel frei (www.campaniartecard.it).

Verkehr

- **Flughafen:** Capodichino (www.portal.gesac.it); ins Zentrum fährt ANM-Bus 35 und ANM Alibus (www.anm.it).
- **Innerstädtische Verkehrsmittel:** In Neapel verkehren städtische **Busse** (www.anm.it), die **U-Bahn** und vier **Zahnradbahnen** (www.metro.na.it)
- **Schiffsverkehr:** Nach **Capri**, **Ischia**
> rechts und an die **Amalfiküste**
> S. 128, nach Sizilien und Sardinien.

Hotels

- **Britannique**
Corso V. Emanuele 133
Tel. 08 17 61 41 45
www.hotelbritannique.it
Elegantes Hotel mit Garten, viele Zimmer mit Blick auf den Golf von Neapel. Günstig gelegen.
- **Hotel Bellini**
Via S. Paolo Ai Tribunali 44
Tel. 0 81 45 69 96
www.hotelbellini.com
Familiär geführtes Hotel in der Altstadt, in der Nähe der Piazza Bellini.

Restaurants

- **La Sacrestia**
Via Orazio 116
Tel. 0 81 66 41 86
www.lasacrestia.it.
Elegantes Spitzenrestaurant nahe dem Bootshafen Mergellina; tgl.
- **La Chitarra**
Rampe San Giovanni Maggiore 1b
Tel. 08 15 52 91 03

Nähe Uni, echt neapolitanische Küche *à la mamma*. Sa mittags, So, Mo abends geschl.
- **Lombardi a Santa Chiara**
Via Benedetto Croce 59
Tel. 08 15 52 07 80
Seit über 120 Jahren genießt man hier **die traditionelle Pizza Neapels.** Tgl. geöff.

Nightlife

Around Midnight
Via Bonito 32][Tel. 08 17 42 32 78
www.aroundmidnight.it
Jazz-, Rock- und Popkonzerte. Di–So ab 20 Uhr, im Hochsommer geschl.

Ausflüge ab Neapel

Zu den Inseln im Golf

Der Ausflug zur schönsten Golfinsel, nach ****Capri 2**, ist ein Muss. Spaziergänge führen zu prachtvollen Villen und Aussichtspunkten mit herrlichem Panorama; nach einer Bootstour in die ****Blaue Grotte** trifft man sich auf der ***Piazzetta**. Nicht nur zur Kur reizt die Nachbarinsel **Ischia**, Ursprünglichkeit bewahrt hat sich die kleinste Insel **Procida**.

Info

- **A.A.C.S.T.**
Piazza Umberto I.][80073 Capri
Tel. 08 18 37 06 86
www.capritourism.com
Auch am Hafen, Tel. 08 18 37 06 34
- **A.A.C.S.T.**
Via A. Sogliuzzo 72][80077 Ischia
Tel. 08 15 07 42 11
www.infoischiaprocida.it

Süditalien][Ausflüge ab Neapel

Verkehr

Abfahrtszeiten der **Fähren** *(traghetti)* und **Tragflügelboote** *(aliscafi)* unter www.capri.net/it/orari-traghetti bzw. unter www.isoladischia.net *(trasporti marittimi* anklicken).

***Herkulaneum und ***Pompeji

Mit der sogenannten Circumvesuviana ❯ S. 122 rattert man durch Neapels Vorstädte nach Ercolano. Das römische **Herkulaneum** 3 blieb so konserviert, wie es 79 n. Chr. war, als ein Ausbruch des Vesuv die Stadt mit einer dicken Lava-Schlamm-Schicht zudeckte.

Blick auf Capri

Man wandert durch die rechtwinklig angelegten Straßen, schaut in die luxuriösen Häuser und stellt sich dabei die Badenden in den Thermenanlagen vor (tgl. Nov.–März 8.30–17, sonst bis 19.30 Uhr, Kasse jeweils 1,5 Stunden eher; Tel. 08 18 57 53 47, Eintritt 11 €, www.pompeiisites.org).

9 Über Torre del Greco und Torre Annunziata fährt man weiter nach **Pompeji** (Pompei Scavi) 4. Hier begrub eine glühende Ascheschicht alles Leben unter sich, konservierte aber die steinernen Überreste der Stadt wie das grandiose **Forum** mit den Säulenreihen und dem Apollo-Tempel sowie dem *Gerichtsgebäude (Basilica)* links daneben. Bekannt machten Pompeji neben den großartigen ***Fresken** in pompejanischem Rot v.a. die erotischen Darstellungen, etwa in der *Casa dei Vettii und dem *Lupanar (geöffnet wie Herkulaneum, Eintritt 11 €; Aug.–Okt. Nachtöffnungen Fr, Sa, So, www.lelunedipompei.com, Infos auch Tel. 0 81 19 30 38 85, Eintritt 20 €).

Info

A.A.C.S.T.
Via Sacra 1 (Nähe Santuario Madonna di Pompei)
80045 Pompei
Tel. 08 18 50 72 55
www.pompeiturismo.it

Kampanien und Kalabrien

*Capua 5

Von der in der Renaissance angelegten **Piazza dei Giudici** führt der Corso Appio zur **Römischen Brücke.** An deren Ende markieren die Türme das *Brückentor aus dem 13. Jh. Die *Statuen, die das Tor schmückten, zeigt heute das *Museo Campano im Palazzo Antignano (Di–Sa 9–13.30, So 9–13 Uhr, an Feiertagen geschl.).

Süditalien][Kampanien und Kalabrien

Caserta 6

Hauptattraktion in Caserta ist der ****Palazzo Reale,** den Karl III. von Luigi Vanvitelli 1752–1774 errichten ließ. In 1200 Räumen kann man in Gold, Marmor und Stuck schwelgen (Palazzo Mo, Mi–So 8.30–19.30, Park und Garten Mo, Mi–So im Sommer Kasse bis 18, im Winter Kasse bis 14.30 Uhr).

Info

EPT
Palazzo Reale][81100 Caserta
Tel. 08 23 55 00 11
www.eptcaserta.it

*Benevent 7

Die einst mächtige Stadt (68 5000 Einw.) breitet sich unterhalb der **Rocca dei Rettori** von 1321 aus. Nach der Bombardierung 1943 blieben vom **Dom** (7. Jh.) nur die Fassade und der Campanile (1279). Über den Corso Garibaldi erreicht man den römischen ****Arco di Traiano** (Trajansbogen) und die Kirche *Santa Sofia, 762 im Auftrag von Herzog Arechis II. erbaut; im *Kreuzgang des *Klosters hat das *Museo del Sannio seinen Sitz (Di–So 9 bis 19 Uhr). Moderne Kunst zeigt der Skulpturenpark **Hortus Conclusus** (tgl. 9–13, 16 bis 19.30 Uhr, gratis).

Info

EPT
Via N. Sala 31][82100 Benevento
Tel. 08 24 31 99 38
www.eptbenevento.it
www.turismoregionecampania.it

Hotel

President
Via Perasso 1][Tel. 08 24 31 67 16
www.hotelpresidentbenevento.it
Modernes Hotel bei der Rocca. ●●

Restaurant

Gino e Pina
Viale dell'Università
Tel. 0 82 42 49 47
Traditionelle Küche seit 1940. Auch Enothek und Shop mit lokalen Produkten. So geschl. ●

10 ***Amalfiküste 8

Von der Keramikstadt **Vietri sul Mare** über **Ravello** mit seinem spartenübergreifenden Musikfestival (www.ravellofestival.com) bis Positano ist der traumhaft schöne Küstenabschnitt UNESCO-Weltkulturerbe.

*Amalfi, die älteste Seerepublik Italiens, beherrschte im 10. und 11. Jh. den Orienthandel. Die engen Verbindungen zu Konstantinopel spiegelt das großartige, dort gegossene *Bronzeportal des *Doms wider. Überaus stimmungsvoll ist ein abendlicher Spaziergang entlang dem schönen *Lungomare (Uferpromenade), den man mit einem Glas Limoncello, dem lokalen Zitronenlikör aus den hier seit Jahrhunderten auf Terrassen gezogenen besonders wohlschmeckenden Früchten ideal abschließt.

Im zauberhaften *Positano dümpeln bunte Fischerboote am Strand, Häuser mit runden Häubchen auf dem Dach ziehen sich malerisch über Terrassen den Hügel hinauf.

Süditalien][Kampanien und Kalabrien

Karte Seite 120

Info

■ **AAST**
Corso delle Repubbliche
Marinare 27][84011 Amalfi
Tel. 0 89 87 11 07][www.amalfi.it
www.amalfitouristoffice.it

■ **AAST**
Via del Saracino 4][84017 Positano
Tel. 0 89 87 50 67
www.aziendaturismopositano.it
www.positanonline.it

Hotel

Luna Convento
Via P. Comite 33][84011 Amalfi
Tel. 0 89 87 10 02][www.lunahotel.it
Luxuriöse Unterkunft in einem ehemaligen Franziskanerkonvent. ●●●

Restaurant

La Caravella
Via M. Camera 12][84011 Amalfi
Tel. 0 89 87 10 29
www.ristorantelacaravella.it
Fischlokal von exzellentem Ruf. Di Ruhetag. Im Winter teilw. geschl. ●●●

Verkehr

⚠️ Auf der *Panorama-Küstenstraße SS 163 kommt man im Hochsommer nur im Schritttempo voran!

■ **Bootsausflüge:** Entlang der Küste von Amalfi und Positano nach Capri, Sorrent, Neapel, Salerno und in den Cilento (www.metrodelmare.com).

■ **UnicoCostiera:** Ein Ticket für Sita-Busse und Circumvesuviana ❯ S. 122 an der gesamten sorrentinischen Halbinsel (von Anf. Juni–Anf. Sept. mit Nachtbussen; www.unicocampania.it).

■ **Sightseeing-Busse:** Entlang der Küste von Positano nach Sorrent, von Amalfi nach Ravello und Maiori (www.sorrento.city-sightseeing.it).

Positano an der Amalfiküste

*Sorrent ❾

Auf der Nordseite der *Penisola Sorrentina* liegt Sorrento malerisch am Golf von Neapel mit dem Vesuv im Hintergrund. Von der Tuffterrasse der *Villa Comunale, dem Stadtpark, eröffnet sich ein bestechendes *Panorama. Der Hafen, die eleganten Villen des 19. Jhs., der prächtige **Sedile Dominova** und der Dom sowie das *Museo Correale di Terranova (Mi-Mo 9–13.30 Uhr) laden zur Besichtigung ein.

Und ohne die berühmten Zitronen *(limoni)* sollten man die Stadt nicht verlassen (www.limonedisorrentoigp.it).

Info

AST
Via L. De Maio 35][80067 Sorrento
Tel. 08 18 07 40 33
www.sorrentotourism.com

Hotels

■ **La Tonnarella**
Via del Capo 31
Tel. 08 18 78 11 53
www.latonnarella.com

Noble Villa am Meer mit feinem Restaurant; Lift zum Strand. ●●●
■ **Hotel Megamare**
Corso Caulino (SS. 145)
Punta Scutolo][80069 Vico Equense
Tel. 08 18 02 84 94
www.hotelmegamare.com
Ganz Sorrent und die Steilküste liegen den Gästen hier zu Füßen; alle Zimmer haben einen unvergesslichen Meerblick. ●●–●●●

Restaurant

Favorita – O'Parrucchiano
Corso Italia 71][Tel. 08 18 78 13 21
www.parrucchiano.com
Hervorragende kampanische Küche in großartigem Ambiente, stilvolle Gartenanlage. Im Winter Mi geschl. ●●●

*Salerno

Zwischen grünen Hügeln und dem Meer liegt Salerno (140 500 Einw.) mit der ältesten Medizinschule Europas (9. Jh.) auf 263 m, bekrönt vom mehrfach umgebauten *Castello di Arechi. Von hier genießt man einen tollen Blick.

Das bedeutendste Bauwerk der Stadt am gleichnamigen Golf ist der 1080 vom Normannenherzog Robert Guiscard begonnene *Dom. Arabische Einflüsse zeigen der *Campanile und das *Atrium. Im dreischiffigen Innenraum bezaubern zwei überreich mit Mosaiken verzierte *Kanzeln. Die seit langem überfällige Restaurierung des historischen, mittelalterlich geprägten Stadtkerns geht voran. Zahlreiche Bänke entlang der gepflegten Uferpromenade laden zu einer Pause im Schatten ein.

Info

EPT
Piazza Vittorio Veneto 1 (Bahnhof)
84100 Salerno][Tel. 0 89 23 14 32
www.turismoinsalerno.it
Auch Lungomare Trieste 7/9.

Hotel

Fiorenza
Via Trento 145][Tel. 0 89 33 88 00
www.hotelfiorenza.it
Alle sehr gut ausgestatteten Zimmer des frisch renovierten Hotels haben einen Balkon und Meeresblick. ●●

Ausflug nach ***Paestum

Am Golf von Salerno entlang fährt man weiter bis zur Tempelstadt Paestum (UNESCO-Weltkulturerbe). Griechische Kolonisten gründeten Anfang des 6. Jhs. v. Chr. den Ort. Majestätisch und erhaben wirkt der ***Poseidontempel (auch *Tempio di Nettuno*), um 460 v. Chr. im dorischen Stil erbaut. Gleich daneben erhebt sich die sogenannte **Basilika, ein Hera geweihter Tempel aus dem 6. Jh. v. Chr. Der dritte Tempel, genannt **Tempio di Cerere (Ceres-Tempel), entstand Ende des 6. Jhs. v. Chr. im dorischen Stil. Im **Museo Archeologico Nazionale sind die prächtigen Verzierungen der Heiligtümer zu sehen, u.a. die **Metopen – Schmuckplatten des Gebälks (Ausgrabungen tgl. 8.45 Uhr bis 2 Std. vor Sonnenuntergang; Museum tgl. 8.30–19.30 Uhr, außer 1. u. 3. Mo im Monat; Info-Tel. 08 28 72 26 54, www.infopaestum.it).

Süditalien][Kampanien und Kalabrien

Der ***Cilento

Südlich von Paestum beginnt der Cilento, der gebirgige Landstrich zwischen dem Golf von Salerno und dem Golf von Policastro. Das Gebiet steht als **Parco Nazionale del Cilento e Vallo di Diano** seit 1991 unter Naturschutz und ist seit 1998 Weltkulturerbe der UNESCO. Neben dem Parkzentrum **Vallo della Lucania** 12 im hügeligen, mit Olivenhainen bedeckten Landesinneren gehören viele einstige Fischerdörfer wie **Acciaroli** 13 oder **Ascea** 14 zu den sehenswerten Orten ==entlang einer herrlichen Küstenstraße.== Immer wieder laden reizvolle felsige Badebuchten und sandige Strände zum Sprung ins Wasser ein. ==**2009 gab es die Blaue Flagge**== für alle Gemeinden des Cilento bis hinunter nach **Sapri** 15 am Golfo di Policastro.

Hotel

Villaggio Olimpia
Via delle Sirene
84058 Marina di Ascea
Tel. 09 74 97 20 90
www.villaggiolimpia.com
Nette Zimmer und Apartments im Grünen, Pool und Privatstrand, Frühstücksbuffet, Restaurants. ●●–●●●

Restaurant

Perbacco
Contrada Marina Campagna 5
84066 Pisciotta
Tel. 09 74 97 38 89
Meeresküche wie Sardellen-Torte, aber auch Zicklein vom Grill, gute Weinauswahl; inmitten alter Olivenbäume. Tgl. Juni–Sept. ●●

Tropea lockt mit seinem Strand

Shopping

Cantina Bruno de Conciliis
84060 Prignano (Ortsteil Querce 1)
Tel. 09 74 83 10 90
www.viticoltorideconciliis.it
Starwinzer des herausragenden Rotweins Rosso del Cilento.

*Tropea und Umgebung

Die besten *Badestrände am Tyrrhenischen Meer in Kalabrien mit klarem Wasser finden sich auf der Halbinsel um das malerische Städtchen **Tropea** 16. Hoch über dem Meer blickt man vom *Panorama-Balkon auf den rosafarbenen *Strand und das fotogene *Inselchen mit der Kirche Santa Maria all'Isola.

Abends trifft man sich bis spät nachts in der *Altstadt zum Bummel oder fährt ins malerische *Pizzo 17, um das im Ort erfundene Tartuffo-Eis zu genießen. Herrlich badet man auch an der Spitze der Halbinsel, ==an den Stränden von *Capo Vaticano.==

Special II Nationalparks

> Special

Auf den Spuren von Braunbär und Wolf

Lange Zeit bestanden sie nur auf dem Papier, nun hat man viele Landschaftsschutzgebiete in touristisch attraktive Zonen umgewandelt. Nach Italien nicht wegen Michelangelo, sondern wegen seiner faszinierenden unberührten Landschaften!

Von den Alpen mit dem Stilfser-Joch-Nationalpark in Südtirol und dem Nationalpark Grand Paradiso im Aosta-Tal über den Apennin mit den Parks Monti Sibillini, Gran Sasso e Monti della Laga und Majella (> S. 105) hinunter in den Nationalpark Gargano in Apulien locken gut erschlossene Wandergebiete mit einem Angebot, das vom Birdwatching bis zum Schnitzkurs, vom Köhlerbesuch bis zum Briganten- und Wolfsmuseum reicht.

! Alle italienischen Nationalparks sind unter **www.parks.it** aufgeführt.

Wandern in Kalabrien

Eine spektakuläre Etappe ist die Wanderung vom abgelegenen albanischsprachigen Bergort **Cifti/Cività** (Parco Nazionale Pollino) über die Teufelsbrücke zum Monte Demonio und der steilen Peperoncino-Schlucht. Man sollte sie möglichst nur in Begleitung eines Bergführers unternehmen (Emanuele Pissara, Tel. 0 98 17 30 43)

Meeting Point Calabria
Contrada Conte
89865 St. Domenica di Ricadi
Tel. 09 63 66 07 11
www.meetingpointcalabria.com
Agentur unweit von Tropea, die u.a. Wanderungen in Kalabrien anbietet.

Special][Nationalparks

Reiseabenteuer in Süditalien

Im **Aspromontegebirge** an der Südspitze Kalabriens versteckte bis vor wenigen Jahren die Camorra ihre Kidnapping-Opfer in Hirtengrotten. Jetzt kann man sich dort gefahrlos bewegen. Pisten und Wanderwege führen zu byzantinischen Felskirchen und in Dörfer, wo die Einheimischen noch griechischen Dialekt sprechen.

Italiens berühmtester Nationalpark in den **Abruzzen** hat einer ganzen Region Perspektiven gegeben und ist zu einem Besuchermagneten Süditaliens geworden. Attraktionen sind das **Wolfsmuseum** in Civitella, welches der Geschichte und dem Leben der appenninischen Wölfe sowie ihren Beziehungen zum Menschen gewidmet ist, ferner riesige Schafherden mit zottigen abruzzischen Hirtenhunden und die fotogenen Festtagstrachten.

■ **Parco Nazionale dell'Aspromonte**
Via Aurora
89050 Gambarie di S. Stefano in Aspromonte
Tel. 09 65 74 30 60
www.parcoaspromonte.it

■ **Parco Nazionale d'Abruzzo**
Besucherzentrum
67032 Pescasseroli
Tel. 0 86 39 11 32 21
www.parcoabruzzo.it

■ **Museo del Lupo**
Via Santa Lucia
67030 Civitella Alfedena
Tel. 08 64 89 01 41
Tgl. 10–13, 14.30–17.30 Uhr

Strände, Schluchten, Macchia

Newcomer unter den Naturschutzgebieten ist der **Cilento** (❯ S. 131), südlich von Paestum gelegen und UNESCO-Weltkulturerbe. Typisch sind einsame Strände, Schluchten- und Höhlentrails, aber auch der exzellente Rotwein Rosso del Cilento (❯ S. 131).

1934 wurde das 8500 ha große Vorgebirge **Capo Circeo** bei Terracina unter Naturschutz gestellt. Dünenwandern und Birdwatching, Radwege und der Botanische Garten von **Villa Fogliano** locken ebenso wie mediterrane Mischwälder und eine reiche Kalksteinflora.

■ **Parco Nazionale del Cilento**
Piazza Santa Caterina 8
84078 Vallo della Lucania (SA)
Tel. 09 74 71 99 11
www.pncvd.it

■ **Höhlentrail im Cilento**
Grotta di Castelcività
Tel. 08 28 77 23 97
www.grottedicastelcivita.it
Stdl. Führungen 10.30, 12, 15, 16.30 Uhr, Mitte März–Sept. auch 13.30, 18 Uhr. 4 km lange Tropfsteinhöhle mit »Krokodilssaal«, Eintritt 8 €

■ **Parco Nazionale del Circeo**
Via Carlo Alberto 107
04016 Sabaudia (LT)
Tel. 07 73 51 13 85
www.parcocirceo.it

■ **Villa Fogliano**
Botanischer Garten im nördlichen Teil des Circeo-Parks. Führungen: Tel. 07 73 51 13 85 (auch Spezialführungen für Blinde).

Süditalien][Kampanien und Kalabrien

Info

Pro Loco
Piazza Ercole][89861 Tropea
Tel. 0 96 36 14 75][www.tropea.biz
www.prolocotropea.eu

Hotel

Villa Antica
Via Pietro Ruffo di Calabria 37
Tel. 09 63 60 71 76
www.villaanticatropea.it
Alte Adelsresidenz im Herzen der Altstadt, einfach, aber elegant eingerichtet. ●●–●●●

Restaurant

Osteria del Pescatore
Via del Monte 7
Tel. 09 63 60 30 18
Was frisch aus dem Meer kommt, wird hier gekonnt zubereitet: mit Nudeln, frittiert und gegrillt. ●●

Reggio di Calabria

Weit im Süden, schon fast an der Spitze des italienischen Stiefels, liegt Reggio di Calabria (185 600 Einw.). Die beiden **sehr realitätsnah gestalteten **Bronzen** von Riace, zwei griechische Krieger aus dem 5. Jh. v. Chr., bilden die Hauptattraktion des ****Museo Nazionale della Magna Graecia** (Di–So 9–19.30 Uhr).

Info

APT
Via Roma 3][89100 Reggio d. C.
Tel. 0 96 52 25 30
http://turismo.provincia.rc.it

Verkehr

■ **Flughafen:** Aeroporto dello Stretto (www.aeroportodellostretto.

it). Flüge von/nach Rom, Mailand, Paris und Malta.
■ **Schiffe:** Stdl. Fähren nach Messina/Sizilien von Villa San Giovanni.

Hotel

Palace Masoanri's
Via V. Veneto 95][Tel. 0 96 52 64 33
www.montesanohotels.it
In der Nähe des Nationalmuseums, moderner Bau mit frisch renovierten Zimmern. Arrangement mit dem Toprestaurant Gala im Excelsior. ●●–●●●

Bari

In Apuliens Hauptstadt (321 000 Einw.) überragt die Kathedrale ****San Sabino** das niedrige, enge ****** Centro Storico. Im dreischiffigen Innenraum der Basilika ****San Nicola** sind der *****Altarbaldachin (um 1150), der großartige ******Bischofsstuhl des Elias und die *****Krypta sehenswert. Quirligee Nachtleben spielt sich rund um die **Piazza Mercantile** am Rande der Altstadt ab, tagsüber bummelt man durch die Shopping-Meilen der im 19. Jh. rechtwinklig angelegten Neustadt.

Info

APT
Piazza Moro (am Bahnhof)
70122 Bari][Tel. 08 09 90 93 41
www.viaggiareinpuglia.it
www.infopointbari.it
Infobüro auch am Hafen und Airport.

Verkehr

■ **Flughäfen:** **Bari** und **Brindisi** (www.seap-puglia.it); Direktflüge im Sommer 2009 nach Bari und Brindisi von Deutschl.and und der Schweiz. Stadtbus 16 verbindet den Flughafen Bari mit dem Bahnhof sowie der Shuttle-Bus der Gesellschaft Tempesta; Pugliairbus verbindet die Flughäfen Bari und Brindisi mit Tarent und Matera (http://pugliairbus.aeroportidipuglia.it). Direktbusse vom Flughafen Brindisi in die Stadt sowie nach Lecce (www.sitabus.it).

■ **Fähren:** Nach Kroatien, Montenegro, Albanien, Griechenland; ebenso wie von Brindisi (auch Türkei).

Tranis Kathedrale aus dem 12. Jh.

Hotel

Giulia
Via Crisanzio 12][Tel. 08 05 21 66 30
www.hotelpensionegiulia.it
Sehr freundlich geführtes Hotel nahe der Uni, Frühstück auf der Terrasse. ●

Restaurant

Al Focolare
Via Principe Amedeo 173
Tel. 08 05 23 58 87
In der Neustadt, sehr guter Fisch, viel Gemüse. So abends, Mo geschl. ●●

In Apulien

Trani 20

In Trani erhebt sich die Königin der Kathedralen, **San Nicola Pellegrino** mit schönem Bronzeportal (1179) direkt am Meer. Hinter den Apsiden erstreckt sich der *Fischerhafen, der zum Bummel ebenso einlädt wie die *Altstadt.

Info

IAT
Piazza Trieste 10][70059 Trani
Tel. 08 83 58 88 30][www.trani.it

Hotel

Bed & Breakfast Trani
Via Leopardi 29
Tel. 08 83 50 61 76][www.bbtrani.it
In der Altstadt, im obersten Stock eines ehemaligen Klosters. Mit Terrasse. ●

11 Ausflug zum *** Castel del Monte 21

Weite Ausblicke auf Getreidefelder begleiten die Fahrt vom Adriatischen Meer hinauf in die Murge, das im *Nationalpark Alta Murgia geschützte karstige Hügelland Apuliens. Als steinerne Krone der Region ist Castel del Monte berühmt. Der achteckige Grundriss prägt die Räume, die ihr Erbauer, der Stauferkaiser Friedrich II., nie bewohnt hat (März–Sept. 10.15–19.45, sonst 9.15–18.30 Uhr, www.pugliaimperiale.com).

Auf dem *Gargano

Zu den einladendsten Ferienzielen der Küste zählen die kleinen Orte auf dem Gebirgsstock Gargano, allen voran das bezaubernde *Vieste 22. In den Ort *Monte Sant' Angelo 23 auf 796 m Höhe zieht das Michaelsheiligtum **Santuario di San Michele Arcangelo Scharen von Gläubigen und Ungläubigen in Bann: Hier soll der Erzengel Michael erschienen sein und in der Grotte einen Fußabdruck hinterlassen haben.

Hotels

■ **Seggio**
Via Veste 7][71019 Vieste
Tel. 08 84 70 81 23
www.hotelseggio.it
Gepflegtes Hotel in der Altstadt **im ehemaligen Sitz der Stadtverwaltung** (17. Jh.). Eigener Strandzugang, Pool, traumhafte Aussicht. ●●

■ **Palace San Michele**
Via Madonna degli Angeli
71037 Monte Sant'Angelo
Tel. 08 84 56 56 53
www.palacehotelsanmichele.it
Elegantes Hotel in einem ehemaligen Kloster. Pool, Wellness-Angebote. ●●

Restaurant

Ristorante Veste
Via Duomo 14][71019 Vieste
Tel. 08 84 70 64 11
Kleines, gemütliches Lokal, beste **apulische Hausmannskost mit einem Schuss Raffinesse.** ●●

***Alberobello** 24

Ganze Straßenzüge mit Trulli, den rätselhaften runden Steinhäusern mit weiß getünchten Wänden und weißer Spitze: In dem Städtchen fühlt man sich wie im Märchenpark – trotz der vielen Touristen: das UNESCO-Weltkulturerbe ist einzigartig!

Info

IAT
Piazza Ferdinando IV/Casa D'Amore
70011 Alberobello
Tel. 08 04 32 51 71
www.alberobello.net

Hotels

■ Jede Menge topmodern ausgebauter **Wohntrulli** in und um Alberobello findet man unter www.valledeitrulli.it.
■ **Dei Trulli**
Via Cadore 32][Tel. 08 04 32 35 55
www.hoteldeitrulli.it
Spitzenhotel mit Apartments – natürlich in Trulliform. ●●●

Ausflug nach Castellana Grotte und Marina di Ostuni

Die größte **Karsthöhle Italiens 25 interessiert auch Kinder. Die *Eingangshalle, enge Gänge und hohe Säle voller Stalagmiten und Stalaktiten finden ihren krönenden Abschluss in der kristallin weißen **Grotta bianca (Führungen 9–13, 14.30–17.30, im Winter 9.30–12.30 Uhr, Eintritt 10–15 € je nach Weg, www.grottedicastellana.it; konstante 16 ° C!).

Südlich der Hafenstadt Monopoli ziehen sich weite Sandstrände hinunter bis **Marina di Ostuni** 26. 17 km Strand, dazwischen von Felsen umgebene Sandbuchten: ideal für alle Sonnenanbeter und Wassersportler. Gleich drei Strände erhielten **2009 die Blaue Flagge für exzellente Wasserqualität.** Auf dem Rückweg genießt man am Abend das Flair in den Gassen von *Ostuni 27, das wie eine Fata Morgana am Hügel liegt.

Südtitalien][In Apulien

Karte Seite 120

Hotel

Masseria Il Frantoio
72017 Ostuni (an der SS 16, km 874)
Tel. 08 31 33 02 76
www.masseriailfrantoio.it
Sehr schöne alte weiße Masseria, romantisch gestaltete Zimmer. ●●●

Matera 28

An der Grenze zu Apulien im Hügelland der Basilikata, das tiefe Schluchten *(gravine)* durchziehen, dokumentiert die Provinzhauptstadt Matera (60 400 Einw.) die einstige Armut dieser Region:

12 Noch bis in die 1950er-Jahre waren die berühmten ***Sassi von Matera,*** die aus dem Fels geschlagene Höhlenwohnungen, bewohnt. Wie die teils mit byzantinische Malereien geschmückten **Höhlenkirchen sind sie UNESCO-Weltkulturerbe. Die original eingerichtete Casa Grotta** unterhalb der Höhlenkirche *Santa Lucia alle Malve* gibt eine Vorstellung vom früheren Alltagsleben.

Info

APT
Via De Viti De Marco 9
75100 Matera
Tel. 08 35 33 19 83
www.aptbasilicata.it

Hotel

Sassi Hotel
Via San Giovanni Vecchio 89
Tel. 08 35 33 10 09
www.hotelsassi.it
Richtig in den Sassi schlafen – mit dem Komfort des 21. Jhs. ●●

Trulli in Alberobello

Restaurant

Il Terrazzino
Vico S. Giuseppe 7][Tel. 08 33 25 03
Nettes Lokal mit regionaler Küche.
Auch Pizzeria. Di geschl. ●–●●

Castellaneta Marina 29

Am Golf von Taranto erstrecken sich 40 km Sanddünen teils vor Macchia, teils vor hohen Pinien. Sonne, Sand und Strand stehen in dem 2009 mit der Blauen Flagge ausgezeichneten Castellaneta Marina eindeutig an erster Stelle.

Hotel

Il Valentino Family Village
Strada Statale, km 106
74010 Castellaneta Marina
Tel. 09 98 20 40 40
www.novayardinia.it/it/index_valentino.php
Große Apartment-Siedlung mit Pool, Shuttle-Bus zum weiten, wunderschönen sandigen Privatstrand. ●–●●●

*Tarent 30

Das **Archäologische Museum** im neueren Teil der alten Hafenstadt Taranto (194 000 Einw.) zeigt herrliche antike Schätze der griechischen Kolonie Taras, u.a. den feinen **Goldschmuck (tgl. 8.30 bis 19.30 Uhr, z.T. *in restauro*).

Hotel

Plaza
Via D'Aquino 46][74100 Taranto
Tel. 09 94 59 07 75
www.hotelplazataranto.com
Modernes Hotel, freundlicher Service, gutes Fischrestaurant. ●●

Im **Salento

Der Absatz des italienischen Stiefels verführt mit paradiesischen Sand- und Felsbuchten und sauberem Wasser.

**Lecce 31

Die Silhouette der Kirchen und Paläste der Barockstadt (94 800 Einw.) zeichnet sich weich vor dem blauen Himmel ab. Das schönste geschlossene Ensemble bilden die Barockbauten, die sich um den *Domplatz gruppieren. Schlendern Sie durch die sehenswerte *Altstadt und lassen Sie sich vom Formenreichtum der Fassaden (etwa von **Santa Croce) überraschen.

Info

IAT
Via Vittorio Emanuele 24
73100 Lecce][Tel. 08 32 24 80 92
www.pugliaturismo.com

Hotel

B&B Casa Elisabetta-Antico Belvedere
Via Vignes 15][Tel. 08 32 30 70 52
www.beb-lecce.com

In einem alten Palazzo mitten im Stadtkern liegen die beiden stilvollen B&B. Individuell gehaltene 18 Zimmer, alle mit Bad und Klimaanlage. ●–●●

Restaurant

Cucina Casareccia
Via C. Costaduro 19
Tel. 08 32 24 51 78
Das Lokal gilt als Tempel der typischen Lecceser Hausmannskost; So abends und Mo geschl. ●●

**Gallipoli 32

Aus einer Gründung der Griechen aus Taranto entstand das heutige Gallipoli (21 200 Einw.). Enge Gassen, weiße niedrige Häuser, blumengeschmückte Balkone, Bogen und Treppenaufgänge charakterisieren die in sich geschlossene *Altstadt auf einer Insel.

Ein Genuss es, an der wunderschön vor einem Piniengürtel gelegenen Sandbucht *Baia Verde im Süden Gallipolis zu Baden.

**Otranto 33

Wahrscheinlich gründeten wiederum Griechen aus Taranto den Ort Hydruntum, den Vorgänger des heutigen Otranto, Italiens östlichster Stadt. In der anmutigen, griechisch-mediterran geprägten **Altstadt bestaunt man in der romanischen *Kathedrale eines der gewaltigsten **Fußbodenmosaike des Abendlands.

Am Schönsten badet man an den wunderschönen *Sandstränden nordwestlich der Stadt bei den Alimini-Seen und in der traumhaft schönen Bucht *Torre dell'Orso.

Infos von A–Z

Ärztliche Versorgung
EU-Bürger werden gegen Vorlage der Europäischen Krankenversicherungskarte kostenlos behandelt. Eine private Auslandskrankenversicherung, die auch einen medizinisch notwendigen Rücktransport einschließt, ist empfehlenswert.

Behinderte
Über Unterkünfte, Museen etc., die Behinderten zugänglich sind, informieren die Touristen-Infos.

Diplomatische Vertretungen
- **Deutsche Botschaft**
Via S. Martino della Battaglia 4
00185 Rom, Tel. 06 49 21 31
www.rom.diplo.de
- **Österreichische Botschaft**
Via Pergolesi 3, 00198 Rom
Tel. 0 68 44 01 41
www.bmaa.gv.at/rom
- **Schweizer Botschaft**
Via B. Oriani 61, 00197 Rom
Tel. 06 80 95 71
www.eda.admin.ch/roma

Einreisebestimmungen
Den Ausweis sollte man immer dabei haben. Für Bürger der Schweiz genügt bei einem Aufenthalt von bis zu 3 Monaten die Identitätskarte. Kinder unter 16 Jahren brauchen einen Kinderausweis oder einen Sichtvermerk im Pass eines Elternteils.

Haustiere benötigen den Europäischen Heimtierpass (pet pass). Er ist nur mit gleichzeitiger Identifikation des Tieres durch Tätowierung oder Mikrochip gültig. Der Tierarzt, der den Pass ausstellt, muss auch eine Tollwutimpfung bestätigen. Leine und Maulkorb gehören mit ins Gepäck.

Feiertage
1. u. 6. Januar, Ostermontag, 25. April, 1. Mai, 2. Juni, 15. August, 1. November, 8. Dezember, 25./26. Dezember.

Geld
An Geldautomaten mit Maestro-Zeichen bekommt man mit Bank- bzw. Scheckkarte und Geheimzahl pro Tag bis zu 500 €. Kreditkarten werden allgemein akzeptiert.

Informationen
Die italienische Zentrale für Tourismus ENIT ist vertreten in:
- **Deutschland**
Neue Mainzer Str. 26, 60311
Frankfurt/M., Tel. (0 69) 23 74 34
Prinzregentenstr. 22, 80538 München
Tel. (0 89) 53 13 17
www.enit-italia.de
- **Österreich**
Kärntner Ring 4, 1010 Wien
Tel. (01) 5 05 16 39, www.enit.at
- **Schweiz**
Uraniastr. 32, 8001 Zürich
Tel. (0)43 466 40 40, www.enit.ch

In Italien sind die regionalen und lokalen Fremdenverkehrsämter (APT, EPT, IAT, ATI, AAST u. Ä. Ansprechpartner für alle Fragen von Italienreisenden.

Notruf
- **Rettungsdienst, Carabinieri und Polizei:** Tel. 118, 112 und 113
- **Feuerwehr:** Tel. 115
- **Pannendienst des ACI:**
Tel. 80 31 16.
- **ADAC-Notrufnummer in Italien:**
03 92 10 41 (rund um die Uhr)

Öffnungszeiten
- **Banken** sind Mo–Fr 8.30–13.30 Uhr geöffnet.

Infos von A–Z

- **Geschäfte** sind Mo–Sa 9–13 und 15.30–19.30 Uhr geöffnet, in Urlaubsorten bis spät nachts; Lebensmittelläden schließen häufig Mi nachmittags, Modegeschäfte Mo vormittags.
- **Kirchen** haben meist über Mittag geschlossen.
- **Museen** handhaben Öffnungszeiten unterschiedlich. EU-Bürger unter 18 und über 65 Jahren haben in staatliche Museen (Musei nazionali) freien, von 18–25 Jahren ermäßigten Eintritt. Auch viele kommunale Museen geben Ermäßigungen für diese Altersklassen.
- **Postämter** haben Mo–Fr 8.30–14, Sa 8.30–13 Uhr geöffnet.
- **Tankstellen** – außer an Autobahnen – schließen mittags und an So/Fei, manche bieten Tankautomaten.

Parken
Praktisch alle historischen Innenstädte sind für Pkws gesperrt. Wer im Hotel im Stadtzentrum logiert, erhält eine Karte, die zur Anfahrt berechtigt.

Quittungen
Für Dienstleistungen, auch für Bar- oder Restaurantbesuche, werden Quittungen *(ricevuta fiscale)* ausgestellt, deren Aufbewahrung Vorschrift ist.

Rauchen
In allen öffentlichen Gebäuden Italiens herrscht Rauchverbot, auch in Bars und Lokalen ohne extra Raucherzimmer.

Sicherheit
Papiere, Wertsachen und größere Geldbeträge gehören in den Hotelsafe. Lassen Sie nichts im Wagen liegen und stellen Sie ihn auf bewachten Parkplätzen ab. Diebstähle sollten der Polizei *(questura)* gemeldet werden.

Souvenirs
Der Kauf gefälschter Markenartikel wird in Italien hart bestraft.

Telefon / Handy / Internet
Telefonkarten *(scheda telefonica)* im Wert von u.a. 2,50, 5 und 7,50 € (perforierte Ecke abknicken!) verkaufen Tabacchi-Läden, Kioske oder die Fernsprechämter.

In Italien ist die Ortsvorwahl immer Teil der Festnetznummer.

Handys *(telefonino)* funktionieren problemlos (Tipps: www.teltarif.de/roaming/italien/handy.html), italienische Handynummern haben keine Anfangs-Null.

Internationale Vorwahlen:
- Deutschland 00 49
- Österreich 00 43
- Schweiz 00 41
- Italien 00 39

Internetcafés findet man in den meisten Städten und Ferienzentren, oft in Reisebüros, Souvenirläden etc.

Trinkgeld
In Restaurants sind bis 10% des Rechnungsbetrags üblich. Trinkgeld wird bei allen Dienstleistungen erwartet.

Zoll
Folgende Höchstmengen gelten für **EU-Bürger:** 800 Zigaretten, 1 kg Tabak, 90 l Wein; **für Schweizer:** 200 Zigaretten, 1 l Spirituosen, 2 l Wein, andere Waren im Wert von max. 300 CHF.

Urlaubskasse	
Tasse Espresso	2,50 €
Glas Cola	3,80 €
Glas Bier	4,80 €
Panino	3,50 €
Portion Eis (2 Kugeln)	1,80 €
Taxifahrt (innerstädtisch, 12 km)	15 €
Mietwagen/Tag	70 €
1 l Superbenzin	1,33 €

Register

Abano Terme 20, **71**
Abbadia San Salvatore 100
Acciaroli 131
Agriturismo 21
Alba 77
Albenga 81
Alberobello 136
Alberti, Leon Battista 29, 58
Amalfiküste 128
Ancona 104
Aosta-Tal 73
Aquileia 28, **65**
Arezzo 101
Ascea 131
Ascoli Piceno 105
Asolo 72
Assisi 29, **116**
Asti 78

Bardolino 60
Bari 28, **134**
Barock 31
Bassano del Grappa 41, **72**
Bellagio 52
Benevent (Benevento) 128
Bergamo 52
Berlusconi, Silvio 27
Bernini, Gian L. 31, 109
Bibione 70
Bike-Hotels 21
Blaue Flagge 16
Boccaccio, Giovanni 30, 99
Bologna 28, **56**
Bolsena 113
Borromäische Inseln 75
Bozen (Bolzano) 61
Brescia 46
Brindisi 18, 134
Brixen (Bressanone) 62
Brunelleschi 29, 90
Burano 69

Camping 21
Caorle 70
Capri 126
Capua 127
Caserta 31, **128**
Castel del Monte 135
Castellana Grotte 136
Castellaneta Marina 137
Castello di Miramare 65
Castiglione del Lago 115
Cattolica 18, **103**
Certaldo Alto 99
Certosa di Pavia 53
Chioggia 70
Chirico, Giorgio De 31
Chiusi 28, **87**
Cilento 131
Cinque Terre 82
Città della Pieve 87
Cividale del Friuli 64
Civitavecchia 89
Civitella 133
Colli Euganei 71
Comer See 52
Como 52
Corniglia 82
Cortina d'Ampezzo 19, **63**
Costa degli Etruschi 96
Courmayeur 19, 47, **73**
Cremona 28, **54**

Dante Alighieri 30
Dolomiten 62
Donatello 29, 70

Etrusker 26, 28, 96, 113

Fahrradfahren 19
Fano 104
Fellini, Federico 30, **103**
Fénis 74
Ferragosto 14
Ferrara 57
Ferrari 55
Fiat 55, 75
Fiesole 95
Finale Ligure 81
Florenz (Firenze) 26, 29, **90**
Francesca,
  Piero della 29, 101
Franziskus
  von Assisi 30, **116**
Friedrich II. 135

Galileo Galilei 30
Gallipoli 138

Gardasee 17, **60**
Gargano 132, **135**
Genua (Genova) 18, **79**
Giotto 29, 70, 116
Golf (Sport) 19
Golf von Baratti 96
Golf von La Spezia 82
Gotik 28
Grado 65
Grosseto 97
Gubbio 28, **115**

Herkulaneum 28, **127**

Ischia 126
Issogne 74

Jesolo 70
Jugendherbergen 21

Lago di Bolsena
  (Bolsena-See) 113
Lago di Como
  (Comer See) 52
Lago Maggiore 74
Lago Trasimeno
  (Trasimener See) 115
Lagune von Venedig 69
La Spezia 13, **82**
Lecce 31, **138**
Leonardo da Vinci 29, 50
Lerici 82
Livorno 96
Loreto 104
Lucca 28, **94**

Mailand (Milano) 48
Malcesine 60
Manarola 82
Manierismus 31
Manta 77
Mantegna, Andrea 29, 57
Mantua (Mantova) 29, **57**
Maremma 97
Marina di Ostuni 136
Martina Franca 95
Maser 72
Massa Marittima 96
Matera 137

141

Register

Meran (Merano) 62
Mezzogiorno **25**, 123
Michelangelo 29, 31, 110
Modena 28, **55**
Montalcino 100
Monte Amiata 100
Monte Argentario 97
Monte Conero 104
Montefiascone 99, **113**
Montegrotto Terme 71
Montepulciano 99, **100**
Monterchi 101
Monterosso al Mare 82
Monte Sant'Angelo 136
Morandi, Giorgio 31, 56
Murano 69

Nationalparks 62, 105, 131, 132, 135
Neapel (Napoli) 26, 27, 31, **122**
Nittis, Giuseppe De 31, 124
Noli 81
Numana 104

Orcia-Tal (Val d'Orcia) 100
Orvieto 28, **112**
Ostia Antica 111
Ostuni 136
Otranto 138
Ötzi 61

Padua (Padova) 29, **70**
Paestum 28, **130**
Palladio, Andrea 71
Pallanza 75
Parco Nazionale siehe Nationalparks
Parma 28, **54**
Pasta 34, **36**
Pavia 28, **53**
Perugia 114
Piano, Renzo 31, 111
Pianura Padana 52
Pienza 100
Pinocchio 18
Pisa 28, **94**
Pisano, Giovanni 29
Pizzo 131
Pompeji 28, **127**
Populonia 96
Portofino 82
Portovenere 82

Positano 128
Procida 126
Prodi, Romano 27
Puccini, Giacomo 30, 96

Raffael 29, 48, 103
Rapallo 82
Ravello 128
Ravenna 17, 28, **102**
Reggio di Calabria 134
Reggio nell'Emilia 56
Renaissance 29
Riccione 17, **103**
Rimini 29, **103**
Riomaggiore 82
Riva 60
Riviera di Levante 82
Riviera di Ponente 81
Rom (Roma) 18, 28, 82, **106**
Romanik 28
Römer 28
Rossi, Aldo 31, 80
Rossini, Gioacchino 30

Salento 138
Salerno 130
Salò 60
Saluzzo 77
San Daniele del Friuli 63
San Fruttuoso 82
San Gimignano 28, **99**
San Marino 103
San Remo 81
Sansepolcro 29, **101**
Santa Marinella 89
Santa Severa 89
Sapri 131
Sassi von Matera 137
Scarpa, Carlo 31, 59
Senigallia 104
Sestri Levante 82
Siena 32, **97**
Sirmione 60
Sirolo 104
Skifahren 19
Sorrent (Sorrento) 129
Spello 116
Spoerri, Daniel 100
Sprachenschulen 20
Staffarda 77
Stilfser Joch **62**, 132
Stresa 75

Tarent (Taranto) 137
Tarquinia 28, **112**
Thermalkuren 20
Tivoli 111
Torcello 69
Torri del Benaco 60
Trani 28, **135**
Treviso 72
Triest (Trieste) 64
Tropea 131
Tuoro 115
Turin (Torino) 31, **75**

Udine 63
Urbino 103

Val di Gressoney 74
Valeggio sul Mincio 36
Vallo della Lucania **131**, 133
Vasari, Giorgio 30, 90, 101
Vatikan 109
Venedig (Venezia) 26, 29, 32, **66**
Vercelli 75
Verdi, Giuseppe 30
Vernazza 82
Verona 28, **58**
Versilia 96
Via Aemilia 56
Via Aurelia **88**, 89, 96
Via Cassia 100
Viareggio 32, **96**
Vicenza 71
Vieste 136
Vietri sul Mare 128
Viktor Emanuel II. 26
Villa Adriana 111
Villa Barbaro 71
Villa d'Este 111
Villa Fogliano 133
Villa Gregoriana 111
Villa Malcontenta 71
Villa Pisani 71
Villa Rotonda 72
Villa Stupinigi 77
Villa Valmarana ai Nani 72
Vinschgau 62
Viterbo 28, 112
Vivaldi, Antonio 30

Wandern 19, 132
Wassersport 16

Bildnachweis

Peter Amann: 36, 132; Archiv für Kunst und Geschichte: 27; Bildagentur Huber/Bernhart: 22; Bildagentur Huber/Graefenhain: 83, 117; Bildagentur Huber/Baviera Guido: 64; Bildagentur Huber/Johann Huber: 12; Bildagentur Huber/G. Simeone: 5; Bildagentur Huber/Renier Stefano: 40; Fotolia.com/arthurdent: 2-2; Fotolia.com/Danilo Ascione: U2-Top12-10; Fotolia.com/Blickfang: 10; Fotolia.com/riccardo bruni: U2-Top12-11; Fotolia.com/Claudio Colombo: U2-Top12-5; Fotolia.com/claudiozacc: 46; Fotolia.com/Depe: 2-1; Fotolia.com/Christa Eder: 53; Fotolia.com/Sebastiano Fancellu: U2-Top12-12; Fotolia.com/Henry: U2-Top12-1; Fotolia.com/MajusCOOL: U2-Top12-2; Fotolia.com/Maurizio Malangone: 129; Fotolia.com/MarieAmelie: U2-Top12-7; Fotolia.com/MasterLu: 89; Fotolia.com/Momentum: 85; Fotolia.com/Massimo Petranzan: 32; Fotolia.com/Picturehero: 34; Fotolia.com/Sternstunden: U2-Top12-3; Fotolia.com/Norbert Suessenguth: 2-3; Fotolia.com/Heinz Waldukat: 50; Fotolia.com/Ingrid Walter: 131; Fotolia.com/Yanta: 127; Fotolia.com/Helmut Zweckerl: 96; Gardaland: 17; Grand Hotel Fasano: 20; Herbert Hartmann: 100, 123; Volkmar Janicke: 107; laif/Celentano: 114; laif/Contrasto: 30; laif/Galli: 38; laif/Martin Kirchner: 103; laif/Berthold Steinhilber: U2-Top12-8; LOOK-foto/age fotostock: 77; LOOK-foto/Sabine Lubenow: 58; LOOK-foto/Rainer Martini: 1, 6; LOOK-foto/TerraVista: 135; Daniele Messina: 54; orvietounderground.it: 113; Pixelio/Matthias Brinker: 92; Pixelio/clermac: 63; Pixelio/Dieter Schütz: 137; Pixelio/Birgit Winter: 67; Pixelio/zaubervogel: U2-Top12-4; Hanna Wagner: U2-Top12-6, 78; Web Gallery of Art: 45; 73; Wikipedia/TheYorckProject: U2-Top12-9.

Polyglott im Internet: www.polyglott.de

Impressum

Wir freuen uns, dass Sie sich für einen Reiseführer aus dem Polyglott-Programm entschieden haben. Auch wenn alle Informationen aus zuverlässigen Quellen stammen und sorgfältig geprüft sind, lassen sich Fehler nie ganz ausschließen. Wir bitten um Verständnis, dass der Verlag dafür keine Haftung übernehmen kann. Ihre Hinweise und Anregungen sind uns wichtig und helfen uns, die Reiseführer ständig weiter zu verbessern. Bitte schreiben Sie uns:
Polyglott Verlag, Redaktion, Postfach 40 11 20, 80711 München, redaktion@polyglott.de

Wir wünschen Ihnen eine gelungene Reise!

Bei Interesse an Anzeigenschaltung wenden Sie sich bitte an:
Langenscheidt KG, Herrn Lachmann
Tel.: 089/3 60 96-438, E-Mail: m.lachmann@langenscheidt.de

Herausgeber: Polyglott-Redaktion
Autorin: Monika Pelz
Redaktion: Werkstatt München • Buchproduktion
Lektorat: Karen Dengler
Bildredaktion: Anja Dengler und Ulrich Reißer
Layout: Ute Weber, Geretsried
Titeldesign-Konzept: Studio Schübel Werbeagentur GmbH, München
Karten und Pläne: Kartographie Huber, Cordula Mann
Kartografische Bearbeitung: Sebastian Laboor
Satz: Anja Dengler, München
Druck: Himmer AG, Augsburg
Bindung: »Butterfly«-Bindeverfahren zum Patent angemeldet durch
Kolibri Industrielle Buchbinderei GmbH 2008

© 2010 by Polyglott Verlag GmbH, München
Printed in Germany
Dieses Buch wurde auf chlorfrei gebleichtem Papier gedruckt.
ISBN 978-3-493-55703-9

Langenscheidt Mini-Dolmetscher Italienisch

Allgemeines

Guten Tag.	Buongiorno. [buond**seh**orno]
Hallo!	Ciao! [**tsch**ao]
Wie geht's?	Come sta? [**ko**me sta]
Danke, gut.	Bene, grazie. [**bä**ne **gra**zje]
Ich heiße …	Mi chiamo … [mi **kja**mo]
Auf Wiedersehen.	Arrivederci. [arriwe**der**tschi]
Morgen	mattina [mat**ti**na]
Nachmittag	pomeriggio [pomerid**seh**o]
Abend	sera [ßera]
Nacht	notte [**not**te]
morgen	domani [do**ma**ni]
heute	oggi [od**seh**i]
gestern	ieri [j**ä**ri]
Sprechen Sie Deutsch?	Parla tedesco? [**par**la te**des**ko]
Wie bitte?	Come, prego? [**ko**me **prä**go]
Ich verstehe nicht.	Non capisco. [non ka**pis**ko]
Sagen Sie es bitte nochmals.	Lo può ripetere, per favore. [lo puo ri**pä**tere per fa**wo**re]
…, bitte.	…, per favore. [per fa**wo**re]
danke	grazie [**gra**zje]
Keine Ursache.	Prego. [**prä**go]
was / wer / welcher	che / chi / quale [ke / ki / **kua**le]
wo / wohin	dove [**do**we]
wie / wie viel	come / quanto [**ko**me / **kuan**to]
wann / wie lange	quando / quanto tempo [**kuan**do / **kuan**to **täm**po]
warum	perché [per**ke**]
Wie heißt das?	Come si chiama? [**ko**me ßi **kja**ma]
Wo ist …?	Dov'è …? [do**wä**]
Können Sie mir helfen?	Mi può aiutare? [mi pu**o** aju**ta**re]
ja	sì [ßi]
nein	no [no]
Entschuldigen Sie.	Scusi. [**sku**si]
Das macht nichts.	Non fa niente. [non fa n**jän**te]

Sightseeing

Gibt es hier eine Touristeninformation?	C'è un ufficio di turismo qui? [**tsch**ä un uf**fit**scho di tu**ris**mo kui]
Haben Sie einen Stadtplan / ein Hotelverzeichnis?	Ha una pianta della città / un annuario alberghi? [a una p**jan**ta **del**la ts**chit**ta / un an**nuar**jo al**bär**gi]
Wann ist … geöffnet?	A che ora è aperto (m.) / aperta (w.) …? [a **ke o**ra ä a**pär**to / a**pär**ta]
geschlossen	chiuso (m.) / chiusa (w.) [**kju**so / **kju**sa]
das Museum	il museo (m.) [il mu**se**o]
die Kirche	la chiesa (w.) [la **kjä**sa]
die Ausstellung	l'esposizione (w.) [lesposi**zjo**ne]
Wegen Restaurierung geschlossen.	In restauro. [in res**tau**ro]

Shopping

Wo gibt es …?	Dove posso trovare …? [**do**we **pos**so tro**wa**re]
Wie viel kostet das?	Quanto costa? [**kuan**to **kos**ta]
Das ist zu teuer.	È troppo caro. [ä **trop**po **ka**ro]
Das gefällt mir (nicht).	(Non) mi piace. [(non) mi p**jat**sche]
Gibt es das in einer anderen Farbe / Größe?	Ce l'ha anche di un altro colore / un'altra taglia? [**tsche** la **ang**ke di un **alt**ro ko**lo**re / un **alt**ra **tal**ja]
Ich nehme es.	Lo prendo. [lo **prän**do]
Wo ist eine Bank?	Dov'è una banca? [do**wä** una **bang**ka]
Ich suche einen Geldautomaten.	Dove posso trovare un bancomat? [**do**we **pos**so tro**wa**re un bangko**mat**]
Geben Sie mir 100 g Käse / zwei Kilo Pfirsiche	Mi dia un etto di formaggio / due chili di pesche. [mi **dia** un **ät**to di formad**seh**o / **due ki**li di **päs**ke]
Haben Sie deutsche Zeitungen?	Ha giornali tedeschi? [a d**seh**or**na**li te**des**ki]
Wo kann ich telefonieren / eine Telefonkarte kaufen?	Dove posso telefonare / comprare una scheda telefonica? [**do**we **pos**so telefo**na**re / kom**pra**re una s**ke**da tele**fo**nika]

Notfälle

Ich brauche einen Arzt / Zahnarzt.	Ho bisogno di un medico / dentista. [o bi**son**jo di un **mä**diko / den**tis**ta]